Small Eco Houses
Mini Casas Ecológicas

Small Eco Houses
Mini Casas Ecológicas

Daniela Santos Quartino

monsa

SMALL ECO HOUSES
MINI CASAS ECOLÓGICAS
Copyright © 2009 Instituto Monsa de Ediciones

Director | Director:
Josep Mª Minguet
Monsa's layout | Maquetación Monsa:
Patricia Martínez

Produced by Loft Publications
Editorial Coordinator | Coordinación editorial:
Simone K. Schleifer
Assistant Editorial Coordinator | Asistente coordinación editorial:
Aitana Lleonart
Editor | Editora:
Daniela Santos Quartino
Art Director | Directora de arte:
Mireia Casanovas Soley
Design and layout coordination | Coordinación diseño y maquetación:
Claudia Martínez Alonso
Layout | Maquetadora:
Yolanda G. Román

English translation | Traducción al inglés:
Babyl traducciones

© INSTITUTO MONSA DE EDICIONES
Gravina, 43
08930 Sant Adrià de Besòs
Barcelona, Spain
T +34 93 381 00 50
F +34 93 381 00 93
www.monsa.com
monsa@monsa.com

ISBN: 978-84-96823-75-4

Index

Introduction

These houses are built to make the best use of renewable resources and designed to guarantee environmental protection and the health of the community. Ecological housing has in fact ceased to be the choice of just a few radical ecologists to become one of the fastest developing interests in modern society.

Along with the people's interest, that of the architects dedicated to designing this type of housing has also grown, with aesthetics and comfort no way incompatible with the principles of sustainable development. Research into alternative materials and new ways to apply traditional prime materials have paved the way to create a whole new range of superb designs. The visible differences between the ecological housing and those not in keeping with the concepts of sustainable developments is virtually non existent.

For this reason ecological housing is constructed using traditional materials and techniques providing constructive solutions, which in the majority of cases also signifies a considerable saving on energy and costs. These materials are produced from locally extracted raw materials with the resultant saving on transport and construction. Equally important is the use of renewable materials and waste products as well as rainwater and solar energy. As part of their commitment to the environment, one of the features of eco-friendly housing is the level of insulation which substantially reduces or even eliminates the need for heating and air conditioning, two major sources of power consumption alongside ventilation and lighting. In other words, eco-friendly housing is not just a whim but a sheer necessity. For this reason increasingly more governments are now concerning themselves with establishing the criteria which makes constructions compatible with to eco-friendly housing. In the United States, the US Green Building Council has established an institution entitled LEED (Leadership in Energy and Environmental Design) which operates a green building rating system in accordance with established sustainability standards. This rating system has also been adopted in various other countries.

Only in Europe is it estimated that buildings with reduced energy consumption will achieve an unprecedented growth towards 2015. This will come about within the framework of the European Commission's Action Plan for Energy Efficiency which plans to reduce energy consumption by 20% before the year 2020.

The properties illustrated in this book represent a wide range of solutions for sustainable architecture adapted to limited space, another of today's most frequently occurring problems.

Glossary

Insulation: Linings in insulating materials which prevent heat loss from inside to outside the home and vice versa.

Passive solar energy: The direct use of solar energy whether it be for immediate use or storage, without being transformed into any other form of energy.

Green roofs and vertical gardens: Walls and roofs completely covered in vegetation and generating there own miniature ecosystems.

Orientation: Buildings orientated in such a way that glazed areas are South facing in the Northern hemisphere and North facing in the Southern hemisphere, in other words, looking towards the Earth's Equator. This results in more solar radiation being captured in winter and less in summer. In hot countries (where the average temperature is above 25ºC) it is advisable for the glazed sections to be on the opposite side.

Photovoltaic solar panels: A system designed to make the most of solar radiation and make use of it to generate electricity.

Thermal solar panels: Designed to absorb solar radiation and transmit the thermal energy produced.

Passive or cross ventilation: Ventilation produced by the air currents created inside the home by opening specific windows. For the ventilation to be effective, the windows have to be installed on directly facing façades, without any obstacles in between, and perpendicular to the direction of the prevailing winds.

Introducción

Construidas para aprovechar al máximo los recursos y garantizar la conservación del medio ambiente y la salud de los consumidores, las casas ecológicas han dejado de ser la opción de unos pocos militantes ecologistas para transformarse en una de las tendencias más fuertes en la actualidad.

Junto con el interés de la población, ha crecido también el de los arquitectos dedicados a diseñar este tipo de viviendas en las que la estética y el confort no van reñidos con un modelo sostenible. La investigación acerca de materiales alternativos y la aplicación de materias primas tradicionales en formatos nuevos han abierto una gama muy amplia de diseños que alcanzan un alto nivel de calidad. Hoy en día, no hay diferencia visible entre una casa ecológica y otra que no sigue un modelo sostenible.

En la construcción de casas ecológicas se emplean, por tanto, materiales y técnicas tradicionales que ofrecen soluciones constructivas, y en la mayoría de los casos significan un ahorro considerable de energía y costes. Para su fabricación se recurre a materia prima extraída del entorno, con el consiguiente ahorro en el transporte y la construcción. Asimismo, son importantes la reutilización de materiales y desechos, el aprovechamiento de las aguas pluviales y el uso de la energía solar. En su compromiso con el medio ambiente, las casas ecológicas se caracterizan por un aislamiento que evita o reduce sustancialmente el uso de calefacción y aire acondicionado, dos de las principales fuentes del consumo energético junto con la ventilación y la iluminación.

Así pues, las casas ecológicas no son una moda, sino una necesidad. Por eso son cada vez más los gobiernos que se preocupan por distinguir a las viviendas que respetan el medio ambiente. En Estados Unidos, el US Green Building Council ha elaborado un sistema denominado LEED (Leadership in Energy and Environmental Design) que clasifica las construcciones de acuerdo con unos modelos de sostenibilidad. Esta distinción está presente en varios países más.

Solamente en Europa se estima que los edificios de bajo consumo energético alcanzarán una expansión sin precedentes hacia el año 2015. Esto sucederá en el marco del Plan de Acción y Eficiencia Energética de la Comisión Europea, que pretende reducir en un 20 por ciento el consumo energético antes de 2020.

Las casas recopiladas en este libro muestran una amplia gama de soluciones arquitectónicas sostenibles que se adaptan a espacios de dimensiones reducidas, otro de los problemas más frecuentes de la actualidad.

Glosario

Aislamiento térmico: Recubrimientos con materiales aislantes que impiden el paso de calor por conducción del interior al exterior de la vivienda, o viceversa.

Energía solar pasiva: Aprovechamiento de la energía solar de forma directa, sin transformarla en otro tipo de energía, para su utilización inmediata o para su almacenamiento.

Jardín vertical y techo verde: Paredes y techos totalmente cubiertos de vegetación en los que se generan pequeños ecosistemas.

Orientación: Disposición de la edificación de manera que los huecos acristalados miren hacia al Sur en el hemisferio Norte, y al Norte en el hemisferio Sur; esto es, hacia el Ecuador terrestre. De esta manera, se capta más radiación solar en invierno y menos en verano. En las zonas cálidas (con un promedio superior a los 25 °C) es conveniente colocar los cerramientos de cristal en el lado opuesto.

Panel solar fotovoltaico: Dispositivo que aprovecha la energía de la radiación solar y la utiliza para generar electricidad.

Panel solar térmico: Dispositivo diseñado para absorber la radiación solar y transmitir la energía térmica producida.

Ventilación pasiva o cruzada: Ventilación que se obtiene cuando el aire crea corrientes en el interior de una casa al abrir las ventanas. Para que la ventilación sea eficaz, las ventanas deben colocarse en fachadas opuestas –sin obstáculos entre ellas– y perpendiculares a la dirección de los vientos dominantes.

Eco-terminology

Sustainable architecture has the addition of more new terms to the existing technical vocabulary. The following guide explains the meaning of the icons which go with the information on eco-friendly housing. Also included is a simple glossary with the words and concepts referred to throughout the book.

Solar energy: Making use of the energy from solar radiation to generate thermal and photovoltaic power.
Collecting rainwater: Making use of rainwater which has been collected by different systems. In the domestic environment rainwater is ideal for watering, washing machines, dishwashers and bathrooms.
Recycling materials: The use of recycled or recyclable materials. Helps to reduce the amount of waste and also to reduce the cost.
Sustainable integration into the natural surroundings: Constructions which respect the terrain and the surrounding ecosystem.
Use of controlled wood: Products bearing the FSC certificate (authorised by the Forest Stewardship Council) certify the wood is produced as a result of responsible forest practices.
Natural ventilation and air-conditioning: Passive air conditioning for buildings through effective natural ventilation. In hot and humid climates passive air conditioning is achieved by making the best use of the circulating air.
Low energy consumption: Structures with highly efficient insulation systems which substantially reduce or even eliminate the need for heating and air conditioning. The systems designed to control the use of energy resources such as lighting and water also fall into this category.
Prefabricated construction: The use of factory-built units assembled on site. This system speeds up the construction process with a reduction on both cost and environmental impact.

Solar energy		Energía solar
Collecting rainwater		Recuperación de aguas pluviales
Recycling materials		Reciclaje de materiales
Sustainable integration with the surroundings		Integración sostenible con el entorno
Use of controlled wood		Uso de madera controlada

Eco-vocabulario

La arquitectura sostenible ha incorporado nuevos términos a su vocabulario técnico. La siguiente guía aclara el significado de los iconos que acompañan la información sobre las casas ecológicas. También se incluye un glosario básico con palabras y conceptos a los que se hacen referencia a lo largo del libro.

Energía solar: Aprovechamiento de la energía procedente de la radiación solar para generar energía térmica y fotovoltaica.

Recuperación de aguas pluviales: Aprovechamiento del agua de la lluvia, que se recoge a través de diferentes sistemas. En el ámbito doméstico el agua de lluvia es óptima para el riego, lavadoras, lavavajillas y baños.

Reciclaje de materiales: Uso de materiales reciclados o susceptibles de ser reutilizados. Ayudan a reducir la cantidad de residuos y son más baratos.

Integración sostenible en el entorno: Construcción que respeta el terreno y el ecosistema circundante.

Uso de madera controlada: Los productos con la etiqueta FSC (avalados por el Forest Stewardship Council) certifican que la madera proviene de prácticas forestales responsables.

Ventilación y acondicionamiento naturales: Acondicionamiento pasivo de los edificios a través de una ventilación natural eficaz. En climas cálidos y húmedos, el acondicionamiento pasivo se logra aprovechando la circulación del aire.

Bajo consumo energético: Estructuras con fuerte aislamiento que evitan o reducen sustancialmente el uso de calefacción y aire acondicionado. En esta categoría se incluyen los sistemas de control del uso de los recursos energéticos como la luz y el agua.

Construcción prefabricada: Uso de componentes fabricados en plantas de producción que se ensamblan sobre el terreno. Este método acelera el proceso de construcción y reduce los costes y el impacto ambiental.

Natural ventilation and air conditioning		Ventilación y acondicionamiento natural
Low energy consumption		Bajo consumo energético
Prefabricated construction		Construcción prefabricada
Adapting traditional construction tecniques		Adecuación a técnicas tradicionales de construcción

Peter Kuczia

Co2-Saver

Lake Laka, Poland
Photos: © Tomasz Pikula

Just like a chameleon this house blends perfectly into the landscape. The wooden façade is comprised of timber boards painted in colours similar to those of the surroundings. Symmetrical on the outside and asymmetrical on the inside with a layout corresponding to the use of each of the rooms.

The shape of the building has been designed to make the most of solar energy. Almost 80 percent of the building is orientated towards the sun which enters in abundance through the glass patio doors on the ground floor. Future plans include the installation of photovoltaic panels on the roof.

The three storey building is covered in a vegetable fibre cement which reduces heat loss. The concept of passive and active energy sources and thermal insulation are reinforced by the ventilation system.

Como un camaleón, la vivienda se funde con el paisaje. La fachada de madera está compuesta por tablones pintados con colores similares a los del entorno. Simétrica por fuera y asimétrica por dentro, la casa presenta una distribución que responde a la función de los diferentes espacios.

La forma del edificio ha sido concebida para optimizar la energía solar. Casi el 80 por ciento de la estructura está orientada al sol, que entra de forma generosa a través del patio acristalado que se encuentra en la planta baja. En un futuro se prevé instalar paneles fotovoltaicos en el techo.

La estructura de tres plantas está revestida con fibra de cemento vegetal, que reduce la pérdida de calor. El concepto de energía pasiva y activa y el aislamiento térmico quedan reforzados mediante el sistema de ventilación.

12

A local timber, without any chemical treatments, has been used to cover the outside of the building together with fibre cement panels. The building has been designed to capture the most possible solar energy.

Para el revestimiento exterior se ha empleado una madera local sin tratamiento químico y paneles de fibra de cemento. El diseño del edificio permite optimizar la captación de la energía solar.

Peter Kuczia

Creature | Criatura

Outside Symmetric | Exterior Simétrico

Creature | Criatura

Inside Asymmetric | Interior Asimétrico

Chameleon | Camaleón

Surrounding area | Área circundante

Peter Kuczia

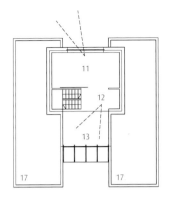

Second floor | Segunda planta

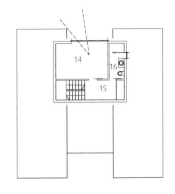

Top floor | Piso superior

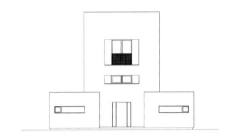

North elevation | Alzado norte

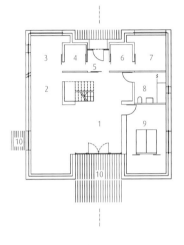

Ground floor | Planta baja

Section A-A | Sección A-A

West elevation. View-Sun | Alzado oeste. Vistas-Sol

1.	Living room	Sala de estar
2.	Dining room	Comedor
3.	Kitchen	Cocina
4.	Storage	Almacenaje
5.	Porch	Porche
6.	Wardrobe	Armario
7.	Laundry	Lavadero
8.	Bath	Baño
9.	Bedroom	Dormitorio
10.	Terrace	Terraza

11.	Studio	Estudio
12.	Gallery	Galería
13.	Patio	Patio
14.	Room with view onto the lake	Habitación con vistas al lago
15.	Corridor	Pasillo
16.	Bathroom	Cuarto de baño
17.	Green roof	Techo verde
18.	Photovoltaics	Sistema fotovoltaico
19.	Solar panels	Paneles solares
20.	Winter garden	Jardín de invierno

The roof, the floor and the walls are composed of fibre cement panels, timber, metal filaments and a permeable membrane.

El techo, el suelo y las paredes están compuestos por paneles de fibra de cemento, madera, lana metálica y una membrana permeable.

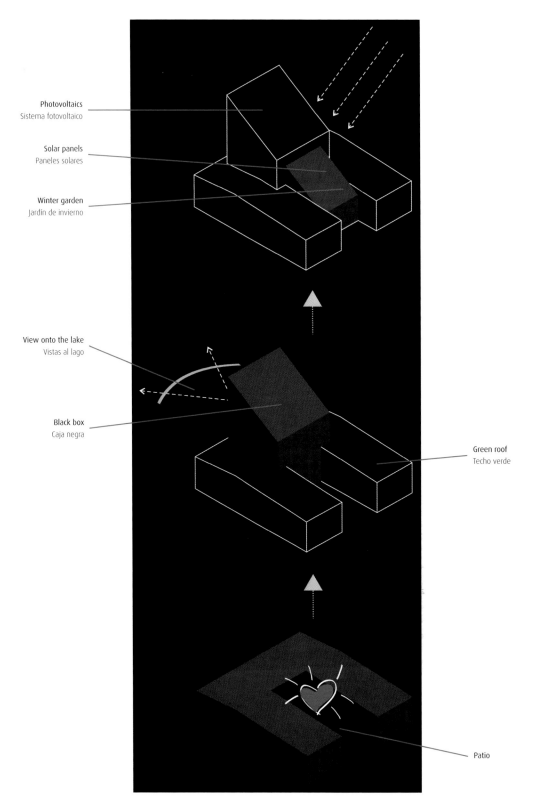

Photovoltaics
Sistema fotovoltaico

Solar panels
Paneles solares

Winter garden
Jardín de invierno

View onto the lake
Vistas al lago

Black box
Caja negra

Green roof
Techo verde

Patio

Peter Kuczia

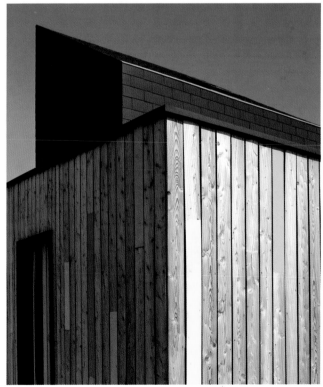

Residence Steigereiland

Amsterdam, The Netherlands
Photos: © Jeroen Musch; John Lewis Marshall

With its two initial premises (spatial design and ecological materials) this house is an experiment the architect Pieter Weijnen has carried out for himself. The house is three storeys high and features a floating lounge suspended from the first floor ceiling. With a South facing glass façade the interiors are filled with light and heat. Similarly, the air conditioning system is based on an ancient Arabic system which consists of taking the air from the home by means of an underground piping system, cooling the air and passing it back to into the building. The washing machines and bathrooms make use of the rainwater stored in a tank below the roof.

Since recycled materials were used in the construction, the diagonal pillars over the façades are actually old posts taken from the port of IJ, the children's bedroom furniture is made from cheese rind and the copper covering in the lounge comes from a church roof.

Partiendo de dos premisas (espacialidad en el diseño y unos materiales ecológicos), esta casa es un experimento que el arquitecto Pieter Weijnen ha realizado para sí. La vivienda tiene tres plantas y un *lounge* flotante que cuelga del techo del primer piso. A través de la fachada de cristal orientada hacia el Sur el interior recibe gran cantidad de luz y calor. Asimismo, el funcionamiento del aire acondicionado se basa en un antiguo sistema árabe que consiste en aspirar el aire de la vivienda por medio de tubos subterráneos, enfriarlo y enviarlo de nuevo al edificio. Las lavadoras y los baños utilizan el agua de la lluvia almacenada en un tanque situado bajo la cubierta.

Para la construcción se emplearon materiales reciclados. Así, los pilares colocados en diagonal sobre las fachadas son viejos postes del puerto de IJ, los muebles de la habitación de los niños fueron realizados con cáscara de queso y el revestimiento de cobre del lounge formaba parte de la cubierta de una iglesia.

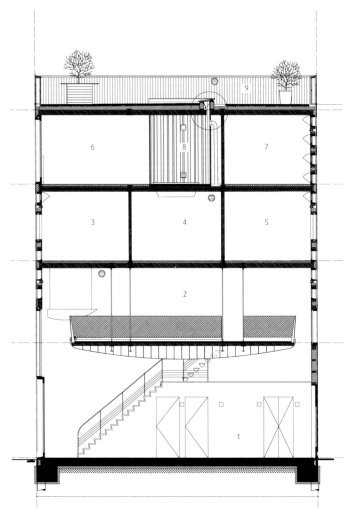

Section | Sección

1.	Living room	1.	Sala de estar
2.	Lounge	2.	*Lounge*
3.	Bedroom 1	3.	Dormitorio 1
4.	Store	4.	Almacenaje
5.	Bedroom 2	5.	Dormitorio 2
6.	Bedroom 3	6.	Dormitorio 3
7.	Studio	7.	Estudio
8.	Bathroom	8.	Cuarto de Baño
9.	Detail	9.	Detalle

To make full use of the space the architect has done without supporting walls, the house's stability therefore reliant upon the pillars set on a diagonal behind the front wall.

Para aprovechar al máximo el espacio, el arquitecto ha prescindido de los muros portantes, de modo que la estabilidad de la casa se asegura mediante pilares de muelles colocados en diagonal detrás de la pared frontal.

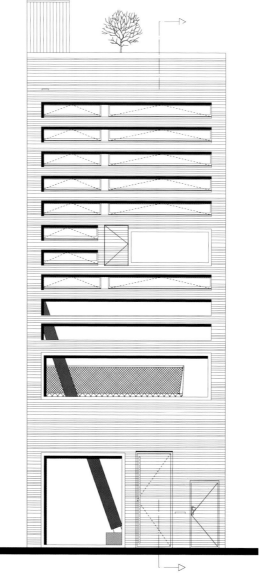

Elevation façade | Elevación fachada

The first sight upon entering the house is that of the *lounge*, suspended from the 7 metre high ceiling, rather like a floating island. The base of this lounge has been shaped as if it were the belly of a whale and covered in copper.

Lo primero que se ve al entrar en la casa es el *lounge* que cuelga del techo, como una isla flotante, en un espacio de 7 metros de altura. La parte inferior de este *lounge* ha sido moldeada como si fuera la barriga de una ballena y revestida de cobre.

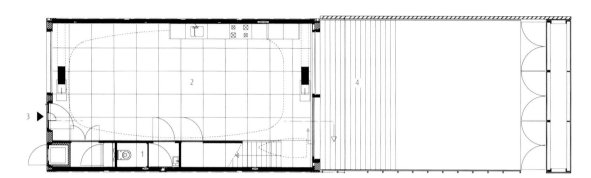

Ground floor plan | Planta baja

1. Bathroom   Cuarto de baño
2. Living room   Sala de estar
3. Entrance   Entrada
4. Terrace   Terraza

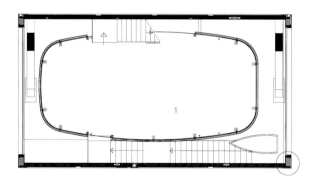

First floor plan | Primer piso

1. Lounge   *Lounge*

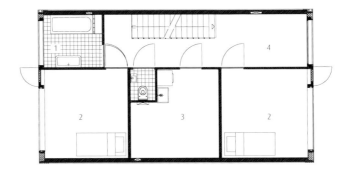

Second floor plan | Segunda planta

1. Bathroom
2. Bedroom
3. Store
4. Hall
5. Third floor studio
6. Hall
7. Bathroom
8. Bedroom
9. Wardrobe

1. Cuarto de baño
2. Dormitorio
3. Almacenaje
4. Entrada
5. Estudio de la tercera planta
6. Entrada
7. Cuarto de baño
8. Dormitorio
9. Guardarropa

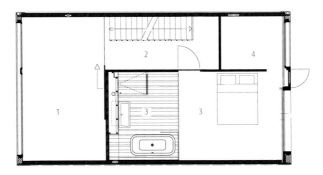

Third floor plan | Tercera planta

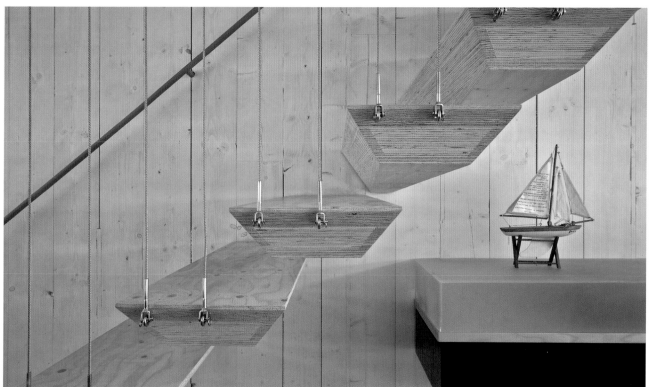

Domespace

Quimper, France
Photos: © Benjamin Thoby

The structure of this circular house (both home and prototype) has been inspired by architecture associated with cathedrals and the pyramids. From 1989 up to the present time, Patrick Marsilli, the original architect, has built more than a hundred homes in this style.

The unique feature about this house is its ability to rotate, either manually or by remote control, whether to be in line with the sun or in a suitable position to be sheltered from the heat and light.

The structural geometry adapted to the surroundings is somewhat reminiscent of many animal shells. Untreated timber with FSC forest certification has been used for the construction, guaranteeing the wood to comply with recognized forest management standards. The property uses passive solar energy reinforced by a central fireplace in the winter and cross ventilation cools the place down in the summer.

La estructura de esta casa circular (vivienda y prototipo a la vez) está inspirada en la arquitectura de las catedrales y en la de las pirámides. Desde el año 1989 y hasta la fecha, su artífice, Patrick Marsilli, ha construido más de un centenar de viviendas de este estilo.

La peculiaridad de esta casa reside en la posibilidad de rotar –bien manualmente, bien por control remoto– siguiendo el recorrido del sol o colocándose de forma que quede resguardada del exceso de calor y de luz.

Su geometría adaptada al entorno recuerda al caparazón de muchos animales. En su fabricación se ha empleado madera no tratada y con certificación forestal FSC, que garantiza que proviene de bosques correctamente gestionados. Durante el invierno, la vivienda utiliza energía solar pasiva reforzada por una chimenea central; en verano, la ventilación cruzada refresca el ambiente.

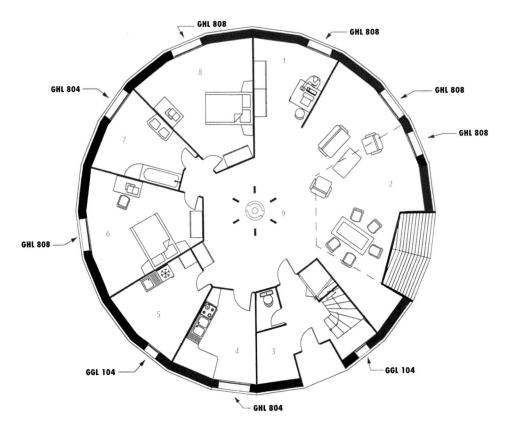

Ground floor plan | Planta baja

1. Office (7,5 m2)   Oficina (7,5 m2)
2. Dining room (48 m2)   Comedor (48 m2)
3. Entrance   Entrada
4. Kitchen (9,2 m2)   Cocina (9,2 m2)
5. Cellar (8,5 m2)   Bodega (8,5 m2)
6. Bedroom 1 (15,5 m2)   Dormitorio 1 (15,5 m2)
7. Bathroom (8,7 m2)   Cuarto de baño (8,7 m2)
8. Bedroom 2 (15,5 m2)   Dormitorio 2 (15,5 m2)
9. Circulation (14,6 m2)   Circulación (14,6 m2)

Patrick Marsilli

The roofing consists of red cedar boards, a timber which is highly resistant to decay. Insulation is provided by cork which also protects from the cold as well as the noise from outside.

El techo de la vivienda está compuesto por láminas de cedro rojo, una madera muy resistente a la degradación. El corcho permite aislar y proteger del frío, así como del ruido exterior.

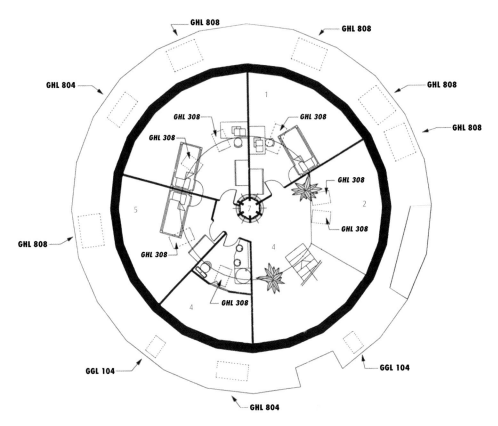

GHL 808
GHL 808
GHL 804
GHL 808
GHL 808
GHL 308
GHL 308
GHL 308
GHL 308
GHL 308
GHL 808
GHL 308
GHL 308
GGL 104
GGL 104
GHL 804

Second floor plan | Segunda planta

1.	Bedroom 5 (4,8 m2)	Dormitorio 5 (4,8 m2)
2.	Open space over dining room	Espacio abierto sobre el comedor
3.	Mezzanine (11,4 m2)	Entresuelo (11,4 m2)
4.	Bathroom (3 m2)	Cuarto de baño (3 m2)
5.	Bedroom 3 (3,8 m2)	Dormitorio 3 (3,8 m2)
6.	Bedroom 4 (6 m2)	Dormitorio 4 (6 m2)
7.	Bedroom 5 (4,8 m2)	Dormitorio 5 (4,8 m2)

The structure of this house provides a number of benefits, such as the abundance of natural light and, due to the circular design, a large open plan area in the centre.

La estructura de la casa ofrece diversas ventajas; por ejemplo, permite la entrada de abundante luz natural y, gracias a su forma circular, la vivienda dispone de un gran espacio central abierto.

Patrick Marsilli

Patrick Marsilli

Patrick Marsilli

Steel and Wood House

Asturias, Spain
Photos: © Emilio P. Doiztua

This house is a contemporary version of the traditional architecture typical of the rural location itself. The structure is based upon the style of the *hórreos* or raised granaries, built to stand on pillars and typical of Asturias.

The building is anchored to the ground at four points without altering the topography of the terrain. The central structure is in the form of an irregular prism on the southeast section, allowing a greater amount of natural light into the home. The Southern façade is fully glazed and the roof sloping towards the hill allows the rainwater to be quickly dispersed.

The structure being a mixture of steel and timber allows for the building to be easily dismantled and recycled. The structure is perfectly adapted to suite the climate and the direction of the sun and the property has neither air conditioning nor heating systems.

Esta casa es una reinterpretación contemporánea de los modelos de arquitectura tradicional de la región rural en la que se encuentra. Su estructura ha sido concebida al estilo de los hórreos, unos graneros de madera construidos sobre pilares característicos de Asturias.

El edificio está anclado al suelo por cuatro puntos que no alteran la topografía del terreno. El cuerpo central tiene la forma de un prisma irregular en la parte sudeste, lo que permite que entre una mayor cantidad de luz natural al interior de la vivienda. La fachada sur está completamente acristalada y la cubierta en forma de pendiente hacia la colina permite evacuar rápidamente el agua de lluvia.

La estructura mixta de acero y madera hace que el edificio pueda ser fácilmente desmantelado y reciclado. Asimismo, su geometría se adapta perfectamente al clima y a la orientación solar de la zona, y la propiedad carece de instalaciones de aire acondicionado y calefacción.

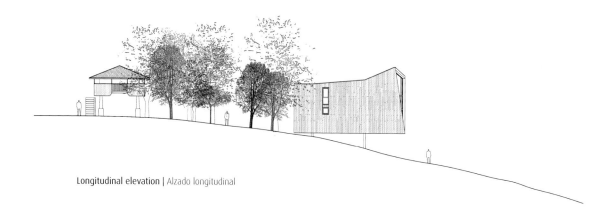

Longitudinal elevation | Alzado longitudinal

Transversal elevation | Alzado transversal

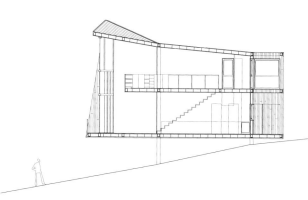

Longitudinal section | Sección longitudinal

The Northern façade on this irregular shaped home features a wooden lattice framed window to protect against the strong wind typical of this region.

La fachada Norte de esta vivienda de forma irregular dispone de una ventana con celosía de madera que la protege del fuerte viento característico de la región.

Ecosistema Urbano Arquitectos

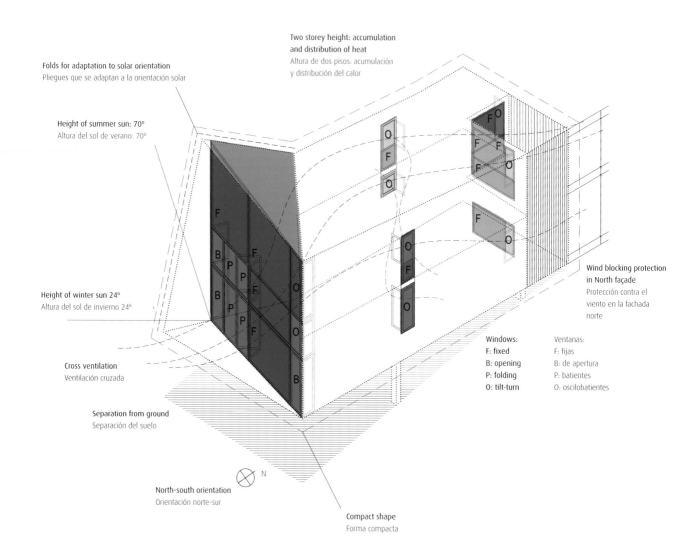

Folds for adaptation to solar orientation
Pliegues que se adaptan a la orientación solar

Two storey height: accumulation
and distribution of heat
Altura de dos pisos: acumulación
y distribución del calor

Height of summer sun: 70º
Altura del sol de verano: 70º

Height of winter sun 24º
Altura del sol de invierno 24º

Wind blocking protection
in North façade
Protección contra el
viento en la fachada
norte

Cross ventilation
Ventilación cruzada

Windows:
F: fixed
B: opening
P: folding
O: tilt-turn

Ventanas:
F: fijas
B: de apertura
P: batientes
O: oscilobatientes

Separation from ground
Separación del suelo

North-south orientation
Orientación norte-sur

N

Compact shape
Forma compacta

Bio-climatic diagram | Diagrama bio-climático

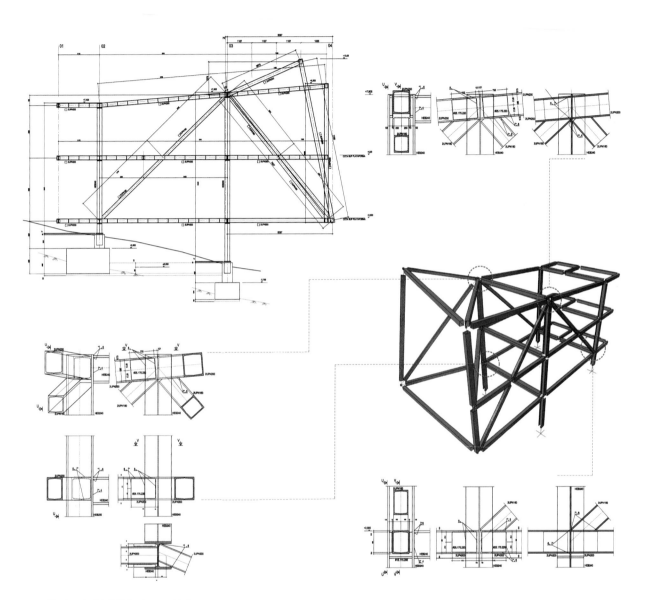

Structure in detail | Estructura en detalle

East façade | Fachada este

North façade | Fachada norte

West façade | Fachada oeste

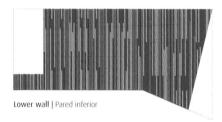

Lower wall | Pared inferior

Detail of wooden wall | Detalle de la pared de madera

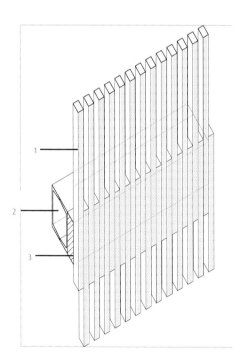

1. Wooden shutter. Screwed to wooden sleeper.

   Postigo de madera. Atornillado a una solera de madera.

2. Main structure. Profiles of laminated steel 2uPN200, in pairs, creating drawer. Epoxidic imprimation of 60 um. Finished layer 40 um.

   Estructura principal. Perfiles de acero laminado 2uPN200, en pares, que crean un cajón. Imprimado epoxídico de 60 um. Capa acabado 40 um.

3. Wooden sleeper 204.72 in North pine. Weather treated. Attached to the main metal structure with screws.

   Solera de madera 204.72 en pino del norte. Tratada contra las inclemencias del tiempo. Unida a la estructura de metal principal con tornillos.

Detail of shuttered wall | Detalle de la pared con postigos

Bioclimatization is something assured by the façades, practically covered to avoid heat loss. A natural ventilation system is created by the circulating air as it enters and leaves the inside of the home.

La bioclimatización está asegurada gracias a las fachadas, prácticamente cubiertas, que evitan la pérdida de calor. El aire entra y sale creando un sistema de ventilación natural en el interior de la vivienda.

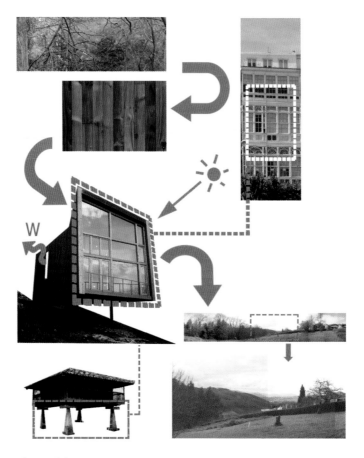

Ideogram | Ideograma

The steel profile forms a twisted prism on the South façade. Built on a slope, this property features a fully glazed façade looking out over the Asturian landscape.

La perfilería de acero forma un prisma que se retuerce en la fachada Sur. Construida sobre una pendiente, la vivienda presenta una fachada acristalada que mira hacia el paisaje asturiano.

Steel and Wood House

House on the Hill

Weidling, Austria
Photos: © Klaus Pichler, Syntax Architecture

This family residence, complete with writer's study and wine cellar, is set on a hill close to Vienna, in a region filled with woodlands and vineyards.

This project involved various setbacks: a sloping stepped terrain, a limited budget and great expectations with regards to the quality and the use of natural resources. The result has been the use of traditional materials combined with modern construction techniques.

Untreated timber has been used on the walls, the roof, the windows and the cladding and recycled paper has been used for cavity wall insulation. Inside the house, the walls have been covered with natural materials such as stone and gypsum. The house has been designed with the objective of achieving the low energy consumption standards set in Austria.

Esta residencia familiar, que incluye un estudio para un escritor y una bodega, se encuentra sobre una colina cerca de Viena, en una región donde predominan los bosques y los viñedos.

El proyecto entrañaba varios obstáculos: un terreno escalonado en pendiente, un presupuesto limitado y unas grandes expectativas respecto a la calidad y los recursos naturales empleados. El resultado ha sido la combinación de materiales tradicionales con técnicas de construcción modernas.

Se ha empleado madera sin tratar en las paredes, la cubierta, las ventanas y los revestimientos, y en los muros se ha aplicado papel reciclado como material aislante. En el interior de la casa, se han revestido las paredes con materiales naturales como el yeso y la piedra. La casa ha sido diseñada, por tanto, con el objetivo de alcanzar el estándar austríaco de bajo consumo energético.

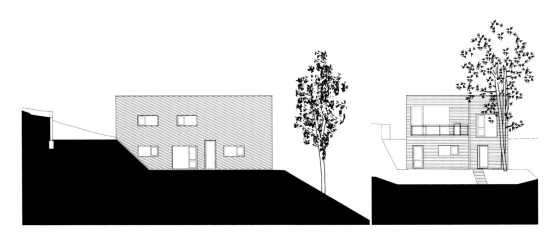

Elevation | Alzado

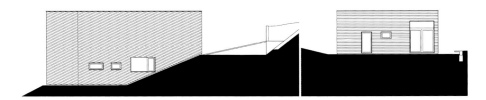

Elevation | Alzado

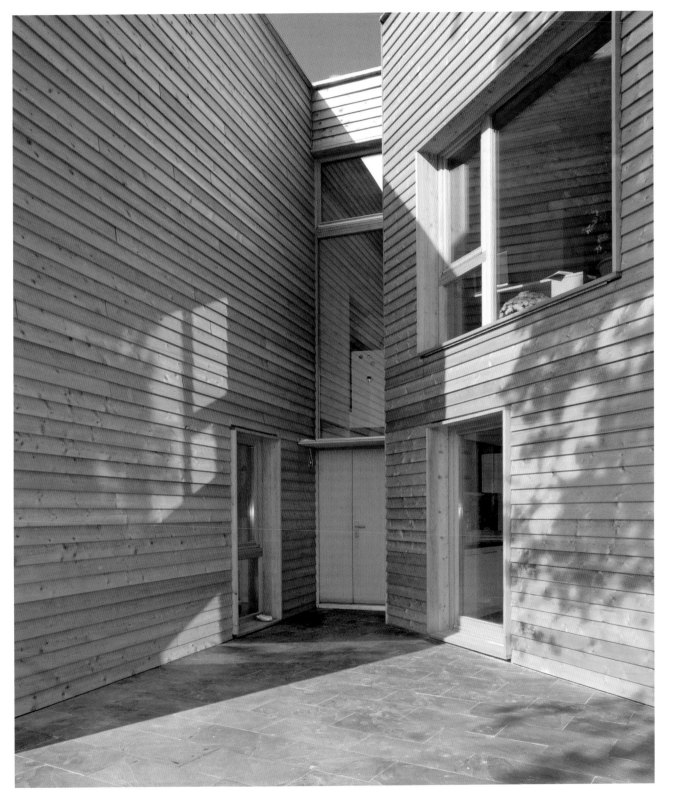

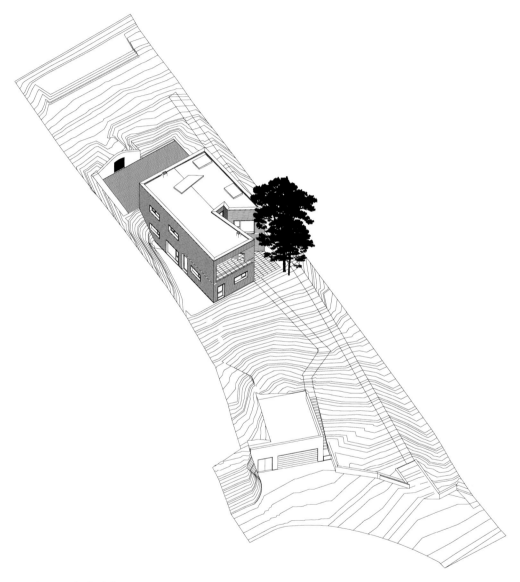

Axonometric plan | Plano axonométrico

Prime materials include such as concrete, KLH cross-laminated timber, larch wood (in coverings, windows and doors), slate and oak wood flooring.

Entre los materiales predominantes, destacan el cemento, los paneles contralaminados de KLH, la madera de alerce (en revestimientos, ventanas y puertas), la pizarra y la madera de roble para el suelo.

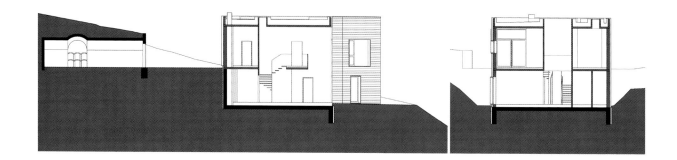

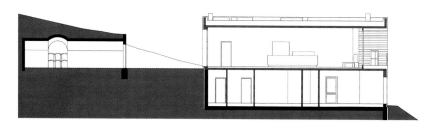

Sections | Secciones

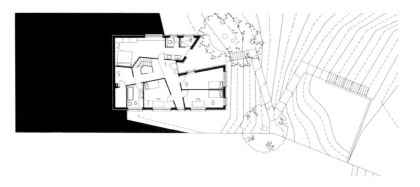

Ground floor plan | Planta baja

1. Hall	1. Entrada	5. Wardrobe	5. Armario
2. Bedroom and bathroom	2. Dormitorio y Baño	6. Bathroom	6. Baño
3. Bathroom	3. Baño	7. Bedroom	7. Dormitorio
4. Shower	4. Ducha	8. Bedroom	8. Dormitorio
		9. Bedroom	9. Dormitorio

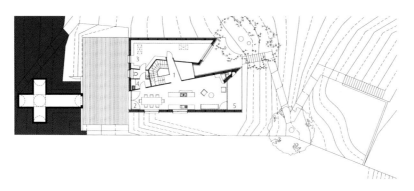

First floor plan | Primera planta

1. Corridor	1. Corredor	4. Storage	4. Almacenaje
2. Living room	2. Sala de estar	5. Terrace	5. Terraza
3. Library	3. Biblioteca		

As for the actual building itself, the architects wanted to minimise the impact of the construction on what was actually a steeply sloping plot of land.

En la construcción de la vivienda, los arquitectos quisieron minimizar el impacto de la obra sobre el terreno, un solar de pronunciada pendiente.

Between Alder and Oak

Bad Rothenfelde, Germany
Photos: © Alasdair Jardine

Built for a family with teenagers, this tree house (five metres high) provides inhabitants with a place to relax. In addition to this, it can also be used as a guestroom.

Since the oak tree which supports part of the structure wasn't actually strong enough to support the full load, the architect added two pillars, set in concrete, to provide support and improve safety. The house has been built mainly in Oak. The rails which mark out the habitable space are in steel and timber and sides have been covered in oak panels over rockwool which take care of the insulation and reinforcement. With windows all down the side and a skylight in the roof, anyone inside the tree house is sure to feel as if they're in the middle of the countryside.

Construida para una familia con niños adolescentes, esta casa instalada en un árbol (y a cinco metros de altura) ofrece a sus habitantes un espacio donde poder relajarse. Asimismo, también puede emplearse como habitación para invitados.

El árbol de roble que sostiene parte de la estructura no era lo suficientemente fuerte para soportar toda la carga. Por ello, el arquitecto agregó, sobre una base de cemento, dos postes que sirven de puntos de apoyo y aportan mayor seguridad. El roble es el material de construcción predominante en la casa. Las barandas que limitan el espacio habitable son de acero y madera, y se han revestido las paredes de los lados con paneles de roble sobre lana de roca que cumplen las funciones de aislamiento y protección. Desde el interior de la cabaña, y gracias a las ventanas que ocupan toda la pared y el tragaluz de la cubierta, los habitantes se sienten en plena naturaleza.

Scheme | Esquema

The safety and stability of the structure has been reinforced by two supporting pillars set in a concrete base.

La seguridad y la estabilidad de la estructura han sido reforzadas mediante dos pilares que se apoyan sobre una base de cemento.

Andreas Wenning/Baumraum

Between Alder and Oak

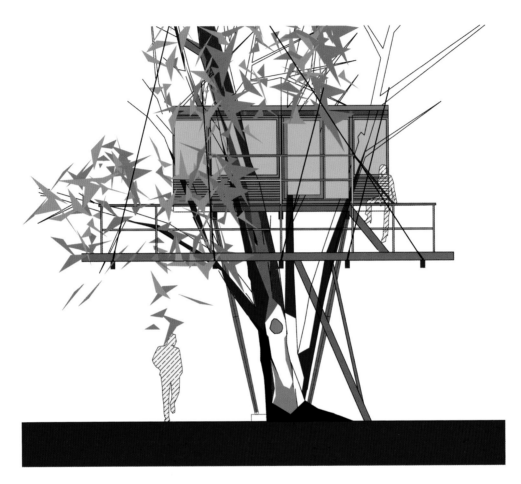

Scheme | Esquema

The raised platform is set at a height of four metres and serves as a terrace, complete with table and chairs. The wooden tree house cabin with its curved roof is accessed by a ladder.

La plataforma que se eleva a una altura de cuatro metros actúa como terraza. Sobre ella se han instalado una mesa y varias sillas. Una escalera conduce a esta cabaña de madera con el tejado curvo.

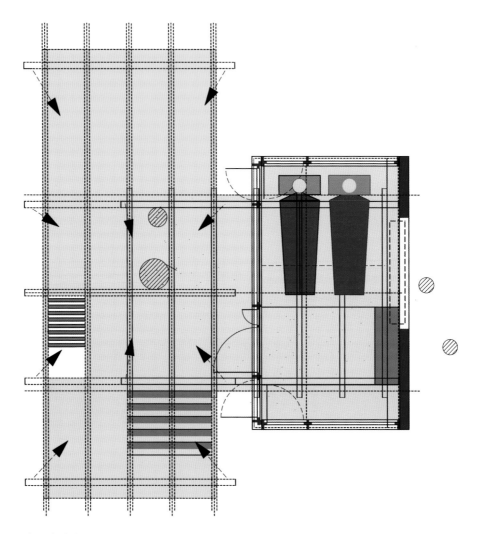

Floor plan | Planta

Andreas Wenning/Baumraum

Juniper House

Gotlans, Sweeden
Photos: © Hans Murman

This house is not merely a weekend residence but has been conceived as an experiment in the middle of woodland which actually serves as a mirror to reflect the surroundings.

A photograph of the local pine trees has been printed on a vinyl sheet 35 metres wide and 3 metres high and covering three of the house's four walls. A steel structure keeps the vinyl at a distance of 40 cm from the façade which it protects from rain and wind and at the same time helping to provide a natural means of regulating the temperature. On the North and South façades, the vinyl covering protects the house from the open spaces, conceals the outside shower and preserves indoor privacy.

An climbing ivy, typical of the region, has been planted on the back of the house. If this ivy manages to grow over the vinyl, the façade will be transformed into something of a green carpet. This not being the case, the vinyl sheet will be recycled and replaced by another.

Más que una residencia de fin de semana, esta casa ha sido concebida como un experimento situado en medio de un bosque, ya que actúa como espejo de los alrededores.

Sobre una tela vinílica de 35 m de ancho y 3 m de altura, se ha impreso una foto de los pinos de la zona que envuelve tres de las cuatro fachadas laterales de la casa. Una estructura de acero sostiene la tela a una distancia de 40*cm respecto a la fachada y la protege de la lluvia y el viento, al tiempo que ayuda a regular de forma natural la temperatura. En las fachadas Sur y Norte, la tela resguarda esta casa de espacios abiertos y esconde la ducha exterior, manteniendo la privacidad en el interior.

En la parte posterior de la vivienda, se ha plantado una hiedra típica de la zona. Si esta planta logra crecer sobre la tela, la fachada se convertirá en un tapiz verde. De no ser así, esta tela será reciclada y sustituida por otra.

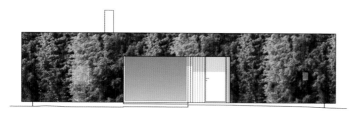

West | Oeste

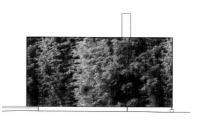

South | Sur

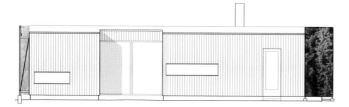

East | Este

North | Norte

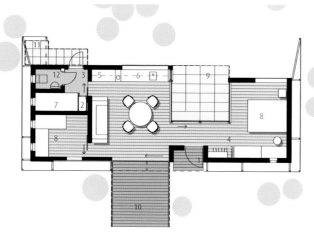

Floor plan | Planta

1.	Entrance	Entrada
2.	Storage	Almacenamiento
3.	Back door entrance	Entrada puerta posterior
4.	Hallway	Vestíbulo
5.	Fireplace	Chimenea
6.	Kitchen	Cocina
7.	Sleeping Alcove	Alcoba
8.	Sleeping Room	Dormitorio
9.	Terrace (breakfast)	Terraza (desayuno)
10.	Terrace (evening)	Terraza (tarde)
11.	Outdoor shower	Ducha exterior
12.	WC	WC

The kitchen takes up one of the house's central zones which also serves as the sitting room. The sliding glass doors leading on to the terrace and inside patio effectively establish close contact with nature.

La cocina ocupa un lugar central en la casa y actúa como sala de estar. Las puertas de cristal correderas que dan a la terraza y al patio interior hacen que se establezca un estrecho contacto con la naturaleza.

Through the façade, the architect has experimented with colour, transparency and texture, but what can also be perceived through this and not in a house is the way in which this affects the experience of living indoors.

Mediante la fachada, el arquitecto ha experimentado con el color, la transparencia y la textura, pero también con aquello que se puede ver y lo que no en una casa y el modo en que esto afecta a la experiencia vivida en el interior.

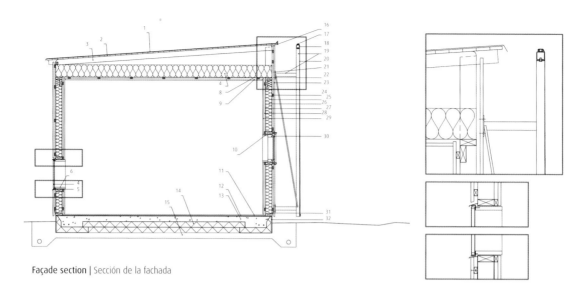

Façade section | Sección de la fachada

1. Waterproofing icopal top safe polymer modified bitumen on polyester
2. Tounged and grooved timber 22x120
3. 45x95
4. Fixed double glazing 4+4
5. 35x35x3 aluminium angle
6. 22x195
7. Mineral wool/45x220
8. Plastic foil
9. Tounged and grooved timber 22x120
10. 22x100
11. Floating ash parquet
12. Platon damp proofing membrane
13. 100 mm concrete
14. 100 mm+100 mm insulation EPS
15. Gravel
16. Aluminium net
17. Aluminium profile for vinyl coated polyester mesh
18. 60x60x4 mm galvanized VKR
19. 60x60x2.9 galvanized VKR
20. Printed vinyl coated polyester mesh
21. 6 mm galvanized steel fixing plate and coach screw
22. Ø16 mm galvanized steel rod
23. Tounged and grooved timber 22x120 painted with a mix of 1/3 linseed oil, 1/3 turpentine
24. 28x45
25. Paper
26. 120 mineral wool/120x45
27. Paper
28. 28x54
29. Tounged and grooved timber 22x120
30. Velfac windows uE wooden window frame with aluminium exterior 4+4 with 18 mm Argon
31. Aluminium net
32. Prefab slab element

1. Láminas asfálticas impermeabilizantes Icopal de betún polimerizado en poliéster
2. Tablón machihembrado 22x120
3. 45x95
4. Acristalamiento fijo doble 4+4
5. Ángulo aluminio 35x35x3
6. 22x195
7. Lana mineral /45x220
8. Lámina de plástico
9. Tablón machihembrado 22x120
10. 22x100
11. Parquet flotante de fresno
12. Membrana contra humedad Platon
13. Hormigón 100 mm
14. Aislamiento EPS 100 mm+100 mm
15. Grava
16. Red de aluminio
17. Perfil de aluminio para malla de poliéster recubierta de vinilo
18. VKR galvanizado 60x60x4 mm
19. VKR galvanizado 60x60x2.9
20. Malla de poliéster recubierta de vinilo estampado
21. Placa de fijación de acero galvanizado de 6 mm y tornillo barraquero
22. Varilla de acero galvanizado Ø16 mm
23. Tablón machihembrado 22x120 pintado con una mezcla de 1/3 de aceite de linaza, 1/3 aguarrás
24. 28x45
25. Papel
26. 120 lana mineral /120x45
27. Papel
28. 28x54
29. Tablón machihembrado 22x120
30. Ventanas Velfac marco de la ventana de madera con exterior de aluminio 4+4 con 18 mm argón
31. Red de aluminio
32. Losa prefabricada

Modern Cabana

Throughout the USA / Por todo EE UU
Photos: © Bruce Damonte

These prefabricated houses have been designed to meet the needs of people looking for small places to live or to for those who need extra space at home, albeit in a relatively short time. Available in standard sizes of 10x10 m, 10x12 m, 10x16 m and 10x25 m, designed to be installed quickly and at a very low cost. The modular prefabricated structures allows various units to be assembled together to increase surface areas from 10 to 90 m².

The prefabricated units are built using environmentally friendly techniques and materials such as FSC timber (produced under forestry control), recycled denim insulation, non-toxic paint and natural finishes. The design allows for a reduction in energy consumption in climatization as a result of natural ventilation. Similarly, on site building waste is almost inexistent due to the optimum design and the use of standard sized materials.

Estas viviendas prefabricadas han sido diseñadas para satisfacer a personas que buscan espacios pequeños o necesitan disponer, en poco tiempo, de un espacio adicional para sus casas. Presentan unas medidas estándar de 10 x 10 m, 10 x 12 m, 10 x 16 m y 10 x 25 m, y han sido concebidas para ser instaladas de forma rápida y con un coste muy bajo. Su estructura modular prefabricada permite que varias unidades se ensamblen para aumentar la superficie de 10 a 90 m².

Para su construcción se han empleado técnicas y materiales que respetan el medio ambiente, como la madera FSC (producida bajo un control de explotación), el aislamiento con tela denim reciclada, la pintura no tóxica y los acabados naturales. El diseño permite reducir el consumo energético en el acondicionamiento climático gracias a una ventilación natural. Asimismo, los desperdicios de la construcción son casi inexistentes gracias a la optimización de la perfilería y al uso de materiales de tamaño estándar.

These compact homes have a suitable floor plan designed to allow the surface area to be extended from 10 to 90 m².

El plano de estas viviendas compactas está concebido para que sea posible extender la superficie que ocupa la estructura de 10 a 90 m².

Casper Mork

79

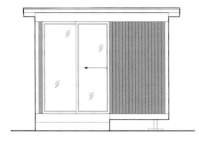 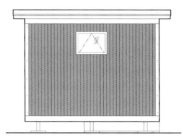 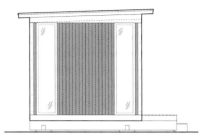

Elevation | Alzado

Floor plan | Planta

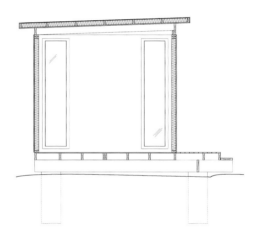

Section | Sección

Construction process | Proceso constructivo

Modern Cabana

Seadrift Residence

California, USA
Photos: © Mathew Millman

This family summer residence has been designed in accordance with a rigorous sustainability programme which includes the installation of photovoltaic panels. All the domestic systems (hot water, heating, ventilation and radiant heat) are part of an electricity mains supplied exclusively by solar energy. With the exception of the kitchen which runs off natural gas supplied by a propane tank, the energy consumption for the rest of the house is zero.

The house is divided into two sections: the bedrooms on one side and the communal zone on the other, including the lounge, kitchen, dining room and another area for various uses. Next to the lounge is the South facing internal patio with a deck over the lagoon. The lounge fireplace rotates to allow the heat to be directed either inside the house or towards the deck.

El diseño de esta residencia de veraneo familiar sigue un riguroso programa de sostenibilidad que incluye la instalación de paneles fotovoltaicos. Todos los sistemas del hogar (agua caliente, calefacción, ventilación y calor radiante) están integrados en una red eléctrica que se alimenta exclusivamente de la energía solar. Con excepción de la cocina, que funciona con gas natural suministrado por un tanque de propano, el resto de la casa tiene un consumo cero de energía.

La vivienda está dividida en dos sectores: por un lado los dormitorios y por el otro un espacio común que incluye el salón, la cocina, el comedor y una zona con usos diversos. La sala de estar conecta con el patio interior orientado hacia el Sur y con un *deck* situado sobre la laguna. La chimenea del salón puede rotar y dirigir el calor bien hacia el interior de la casa, bien hacia el *deck*.

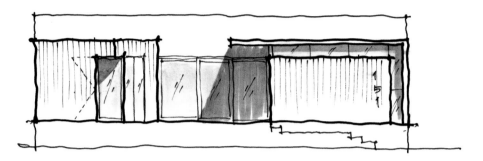

South elevation | Alzado sur

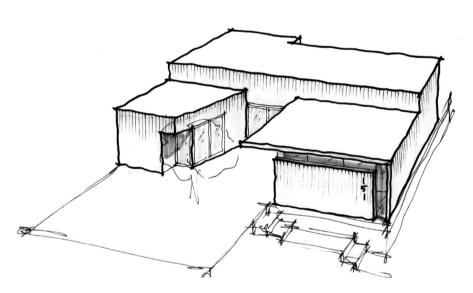

South elevation Study | Estudio elevación sur

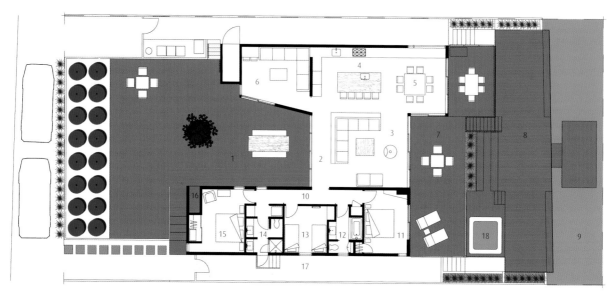

Floor plan | Planta

1. South deck	Plataforma sur	11. Bedroom 1	Dormitorio 1
2. Entry	Entrada	12. Bathroom 1	Cuarto de baño 1
3. Living room	Sala de estar	13. Kids bedroom	Dormitorio infantil
4. Kitchen	Cocina	14. Bathroom 2	Cuarto de baño 2
5. Dining room	Comedor	15. Bedroom 2	Dormitorio 2
6. Family room	Habitación familiar	16. Storage	Almacenamiento
7. North deck	Plataforma norte	17. Side yards	Patios laterales
8. Lagoon deck	Plataforma laguna	18. Hot tub	Jacuzzi
9. Lagoon	Laguna	19. Dock	Dársena
10. Hall	Hall		

The product used to treat the timber on the outside contains neither chrome nor arsenic. Beams have been integrated into both floor and ceiling because, even being very strong, they use 50 percent less wood fibre.

El producto empleado en el tratamiento de la madera exterior no contiene ni cromo ni arsénico. Se han colocado vigas en el suelo y en el techo porque, aun siendo muy resistentes, utilizan un 50 por ciento menos de fibra de madera.

Seadrift Residence

It House

California, USA
Photos: © Art Gray

The It House, a small open plan home with glazed walls, has been developed through an engineering system which reduces construction waste to the minimum. The house sections arrive at the construction site, ready cut and with instructions for assembly. Being small and light, they have also been designed to make it possible for just two people to complete the construction in little more than two weeks.

Despite this property's large glazed areas, high energy efficiency is achieved through passive conditioning, in other words, the direction the house is facing, the cross ventilation, the low consumption equipment and the solar panels. These panels are incorporated into the house design and positioned over the central patio to provide shade in summer. In the winter these same panels provide the necessary energy for the electricity and the radiant floor heating.

La It House, una pequeña vivienda de paredes acristaladas y planta libre, ha sido desarrollada como un sistema de ingeniería que minimiza al máximo los desechos de construcción. Los componentes de la vivienda llegan a la zona de construcción cortados y con indicaciones acerca de su montaje. Además, han sido diseñados para que con solo dos personas sea posible completar la obra en poco más de dos semanas, ya que son pequeños y livianos.

Pese a las grandes superficies de cristal de la vivienda, se consigue una gran eficiencia energética mediante el acondicionamiento pasivo, es decir, la orientación de la vivienda, la ventilación cruzada, los aparatos de bajo consumo y los paneles solares. Se han colocado estos paneles –integrados en el diseño de la casa– sobre el patio central para proporcionar sombra durante el verano. En invierno éstos proveen de la energía necesaria para el funcionamiento del sistema eléctrico y el suelo radiante.

Site plan | Plano de situación

Concept | Concepto

Through a graphics programme by the name of *The Outfit*, vinyl illustrations from artists have been applied to the glazed walls to reinforce the house's perceptive link with nature.

A través de un programa gráfico llamado *The Outfit* se aplica a las paredes de cristal dibujos de vinilo, colaboraciones de artistas, para reforzar la relación poética con la naturaleza.

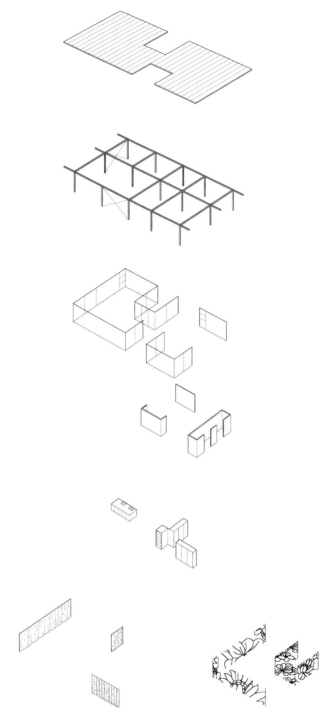

Axonometric view | Vista axonométrica

In winter the house is heated by a radiant floor heating system which works off solar energy and wood stoves. In summer the house is cooled by external shades, curtains and a passive cooling system.

En invierno la casa se calienta mediante el suelo radiante –que funciona con energía solar– y las estufas de leña. En verano se mantiene fresca mediante pantallas exteriores, las cortinas y un sistema de enfriamiento pasivo.

Taalman Koch Architecture

Mini Home

Vancouver, Canada
Photos: © Sustain Design Studio

Mini Home is different to other eco-friendly and prefabricated housing for the simple reason that this one comes on wheels and can be moved from one place to another, whether it be private land or a leisure park.

This 32m² dwelling has been designed to minimise electricity consumption. The refrigerator, kitchen appliances and heating are all run off propane. Also installed are solar panels, a wind turbine and a drum to collect organic fertilizer. The insulation panels installed in the roof, the walls and the floor together with the high performance windows keep the house acclimatized for longer.

The home has three well defined zones: the kitchen and dining room on one side, the lounge on another and lastly the bedrooms. Each of the zones occupies a particular coloured unit with different finishes. This configuration not only allows for the house to be extended but also allows for a terrace and garden to be included.

Mini Home es diferente a otras viviendas ecológicas y prefabricadas, porque gracias a sus ruedas puede trasladarse a cualquier lugar, ya sea un terreno privado o un área recreativa.

Esta casa de 32 m² ha sido diseñada para minimizar el consumo de electricidad. El refrigerador, la cocina y la calefacción funcionan con propano. Además, se han instalado unos paneles solares, una turbina de viento y un baño que recoge abono orgánico. Unos paneles de aislamiento colocados en el techo, en las paredes y en el suelo, y unas ventanas de alto rendimiento permiten mantener la casa acondicionada por más tiempo.

La vivienda tiene tres zonas bien definidas: la cocina y el comedor por un lado, el salón por otro y finalmente la zona de dormitorios. Cada una de estas zonas ocupa un módulo de un color y acabado diferentes. Gracias a esta configuración, la casa puede ampliarse e incluso alojar una terraza y un jardín.

Render

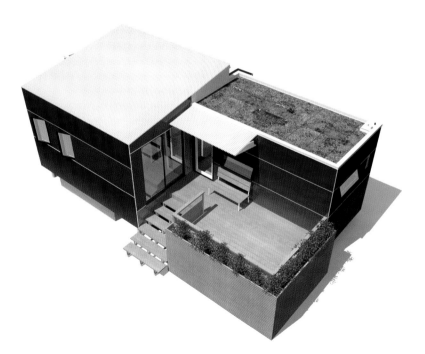

Render

Daniel Hall & Andy Thompson/Sustain Design Studio

The Mini Home is available in two styles: one with the bedrooms separated by compartments and the other, (the loft type), where an organic garden can be set on the roof.

La casa Mini Home dispone de dos modelos: en uno las habitaciones están separadas por compartimentos y en el otro (del tipo loft) se puede instalar un jardín orgánico en la cubierta.

Daniel Hall & Andy Thompson/Sustain Design Studio

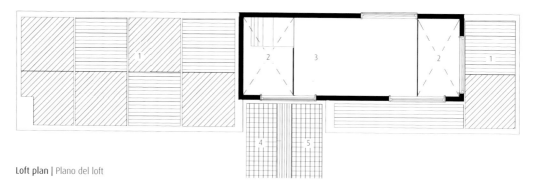

Loft plan | Plano del loft

1. Roof garden   Jardín en la azotea
2. Open to below   Abierto hacia abajo
3. Backstairs to loft   Escalera de servicio al loft
4. Solar 1   Solar 1
5. Solar 2   Solar 2

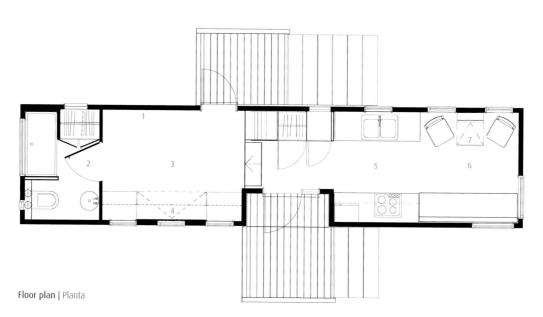

Floor plan | Planta

1. Skypard sofa-bed   Sofá-cama Skypard
2. Bathe   Bañar
3. Dream   Soñar
4. Fold-up desk   Pupitre plegable
5. Create   Crear
6. Entertain   Entretener
7. Fold-down table   Mesa plegable

Conhouse 2+

Trebnje, Slovenia
Photos: © Conhouse

ConHouse is a housing system based on containers which have been acclimatized to provide the same quality of life as traditional housing. This has been made possible through the intelligent space distribution, carefully selected materials and well-lit interiors. The size of the house can also be adapted to the needs of its inhabitants.

The benefits to the environment are clearly evident. On the one hand, transport containers have been recycled which can also continue to be put to use time and again. On the other hand, there has not been the need for other materials to be used since the theory, based as it is upon recycling, reduction and reuse, is fulfilled to perfection. The accommodation (with «customized» exteriors) is very light and being mobile allows it to be removed without leaving a trace on the terrain where its was previously installed.

ConHouse es un sistema habitacional compuesto por contenedores que han sido acondicionados para ofrecer la misma calidad de vida que las casas tradicionales. Esto ha sido posible gracias a una distribución inteligente del espacio, una cuidadosa selección de los materiales y unos interiores bien iluminados. Asimismo, el tamaño de la casa puede adaptarse a las necesidades de sus habitantes.

Los beneficios para el medio ambiente son evidentes. Por un lado, se han reciclado contenedores de transporte que además apueden seguir utilizándose una y otra vez. Por otra parte, no ha sido necesario emplear otros materiales, con lo cual la teoría de las tres erres se cumple a la perfección: reciclar, reducir y reutilizar. La vivienda (con una apariencia exterior «customizada») es muy liviana y su naturaleza móvil permite desmontarla sin dejar rastro alguno en el terreno donde ha sido previamente instalada.

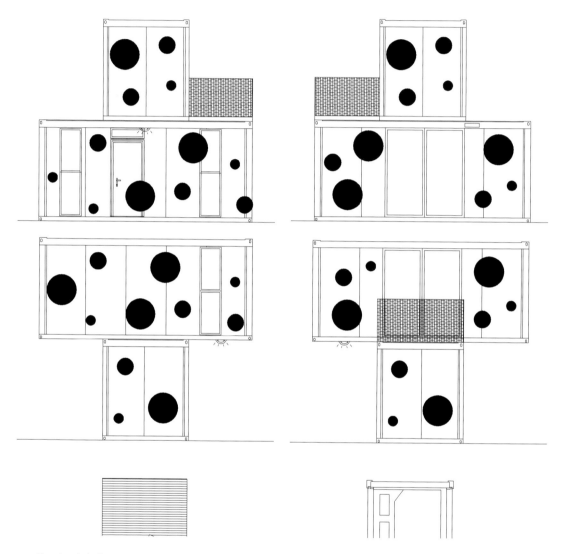

Elevations | Alzados

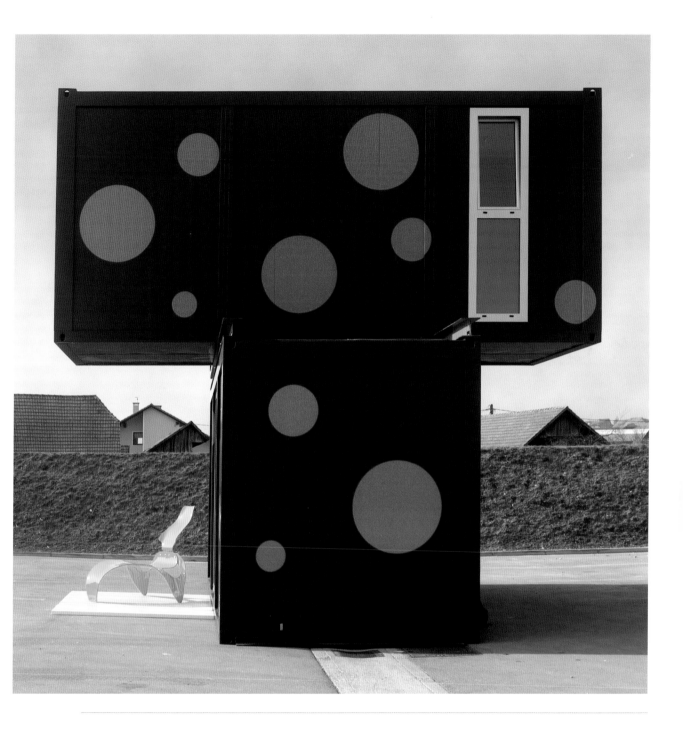

The ISO 20' containers (6.1 metres long) are arranged on a perpendicular to create a projection over the ground floor entrance and a small balcony on the floor above.

Los contenedores ISO 20' (6,1 m de longitud) están dispuestos de forma perpendicular. El saliente de la entrada hace de voladizo en la planta baja y forma un pequeño balcón en el segundo piso.

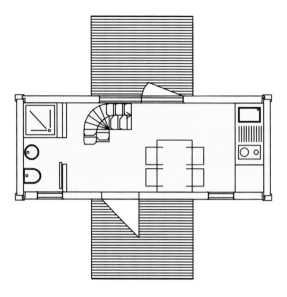

Ground floor plan | Planta baja

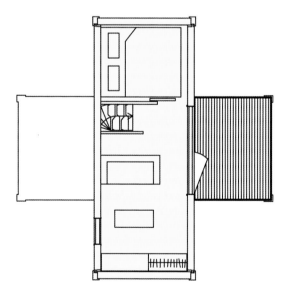

First floor plan | Primera planta

The container homes are available in seven different combinations and thanks to the simple composition, assembly and installation can be carried out in a single day.

Existen hasta siete combinaciones diferentes de los contenedores y, gracias a su sencilla composición, se puede realizar el montaje de la vivienda en un solo día.

Box Home

Oslo, Norway

Photos: © Carlsen Are, Sami Rintala, Pia Ulin, Ivan Brodey

Construction work currently accounts for more than a third of global energy consumption, even greater than that of transport. Sami Rintala is an architect who considers this to be a crucial issue, especially in Scandinavia where increasingly larger homes are being built. For this reason, this 19m² four-roomed property has been designed to satisfy the basic needs of a home residence complete with kitchen, dining room, bathroom, lounge and bedroom. Box Home demonstrates that a small house can be built and maintained with less resources, this prototype, currently on show in the square at Galleri ROM in Oslo, actually costs a quarter of the equivalent sized apartment in the same area of the city.

The house has been built by three people in just four weeks and to be built by a single person is estimated to take two months. This same prototype can also be applied to larger homes but adopting the same philosophy.

Actualmente, la actividad de la construcción registra más de un tercio del consumo global de energía, superando incluso al del transporte. El arquitecto Sami Rintala considera crucial esta cuestión, especialmente en Escandinavia, donde se construyen viviendas cada vez más grandes. Por eso ha diseñado este volumen de 19 m² con cuatro habitaciones que satisface las necesidades básicas de una residencia, e incorpora una cocina, un comedor, un baño, un salón y un dormitorio. Box Home demuestra que una casa pequeña se puede mantener y construir con menos recursos, pues este prototipo, situado en el patio de la Galleri ROM de Oslo, cuesta la cuarta parte de un apartamento con los mismos metros cuadrados en esa misma zona de la ciudad.

La casa ha sido construida por tres personas en tan solo cuatro semanas, y se estima que puede ser instalada por una persona en dos meses. Asimismo, se puede aplicar este prototipo a viviendas más grandes, pero con la misma filosofía.

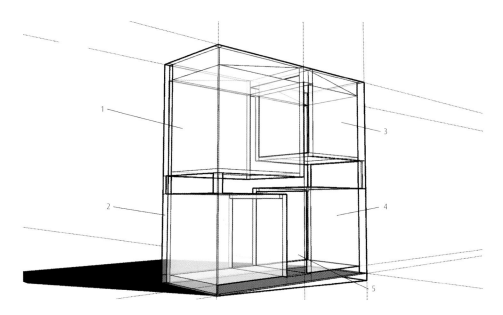

Volumetrics | Volumetría

1. **Living room**   Sala de estar
2. **Bathroom**   Cuarto de baño
3. **Bedroom**   Dormitorio
4. **Kitchen**   Cocina
5. **Entrance**   Entrada

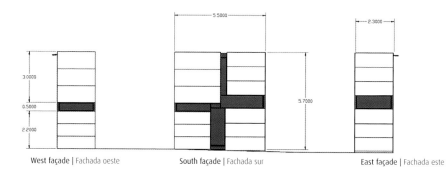

West façade | Fachada oeste   South façade | Fachada sur   East façade | Fachada este

Elevations | Alzados

The Box Home façades are comprised of various layers: wood, fibreglass, a ventilated air chamber and aluminium covered panels on the outside.

El revestimiento de la Box Home está formado por varias capas: madera, lana de vidrio, una cámara de aire ventilada y paneles con acabado de aluminio en la parte exterior.

First floor plan | Primera planta

1. Living room   Sala de estar
2. Bedroom   Dormitorio

Ground floor plan | Planta baja

1. Bathroom   Cuarto de baño
2. Kitchen/dinning room   Cocina/comedor

Section | Sección

1. Living room   Sala de estar
2. Bathroom   Cuarto de baño
3. Bedroom   Dormitorio
4. Kitchen/dinning room   Cocina/comedor

Sami Eggertsson Rintala

Sami Eggertsson Rintala

The interiors have been finished in a dyed cypress wood (very economical) with an irregular surface which provides a contrast against the more modern façade.

El acabado del interior ha sido realizado con madera teñida de ciprés (muy económica) cuya textura irregular contrasta con el aspecto más moderno de la fachada.

House Ijburg

Amsterdam, The Netherlands
Photos: © Marcel van der Burg

This house, with a surface area of 140m², has been designed as if it were a vertical garden. The privately enclosed spaces provide a contrast against the communal area which appears to have been carved out of the solid mass.

The façade is built in special bricks inspired by the style of the famous Amsterdam school in 1920. This material is hard-wearing, has no maintenance costs and is recyclable. Aside from the decorative effect, this masonry also serves as a guide to where the climbing ivy, grapevines and roses can be grown on the walls to create a natural screen providing shade and privacy. According to the architect Marc Koehler, the house represents a «living façade» which will continue to change the appearance of the building and, since it will attract birds and insects, will also create a small urban ecosystem.

Esta casa tiene una superficie de 140 m² y ha sido diseñada como si se tratara de jardín vertical. Los espacios privados cerrados contrastan con las zonas comunes, que parecen haber sido talladas en el sólido volumen.

La fachada está compuesta por ladrillos especiales inspirados en el estilo de la famosa escuela de Ámsterdam de 1920. Este material ofrece una larga duración, no tiene costes de mantenimiento y es reciclable. Además de su efecto decorativo, esta mampostería actúa como guía para que puedan trepar por los muros la hiedra, las parras y los rosales, y crear una cortina natural que proporcione sombra y privacidad. Así pues, según el arquitecto Marc Koehler, la casa presenta una «fachada viviente» que irá cambiando la imagen del edificio y creará un pequeño ecosistema urbano, puesto que atraerá a pájaros e insectos.

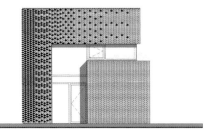

North elevation | Alzado norte

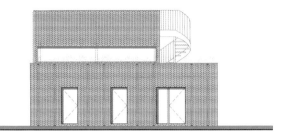

West elevation | Alzado oeste

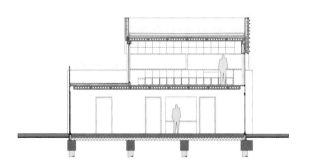

Sections | Secciones

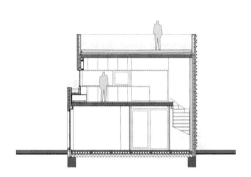

Concept | Concepto

Large windows have been installed to capture the most possible natural light and to heat the interiors during winter.

Se han instalado grandes ventanas para captar al máximo la luz natural y calentar los espacios interiores durante el invierno.

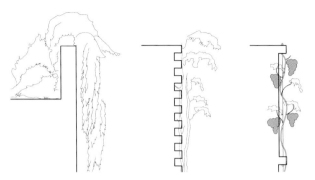

Plants overgrowing façade | Plantas que crecen por encima de la fachada

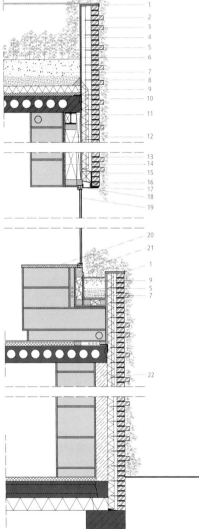

Fragment of the façade | Fragmento de la fachada

1. Aluminium plating. Roval
2. Embossed bricks. Type Robe, colour black
3. 70 mm gap
4. Steel profile
5. 22 mm multiplex water-resistant
6. EPDM foil
7. Hydrograin on tilted surface
8. Stainless steel anchor folded on the column
9. Insulation
10. Steel profile (100x100x10)
11. 140 profile
12. Wooden frame
13. 40°mm gap
14. Gypsum plasterboard
15. Welded steel strips to the steel profile
16. Aluminium water profile
17. Steel profile (200x100x10)
18. Aluminium plating
19. Aluminium window frame. Alcoa RT 100
20. Kitchen cupboard integrated in façade
21. Wooden mounting frame
22. Load bearing inner wall, 150 mm lime blocks
23. 70 mm lime blocks

1. Recubrimiento de aluminio. Roval
2. Ladrillos estampados. Tipo Robe, color negro
3. Separación 70 mm
4. Perfil de acero
5. Multiplex resistente al agua 22 mm
6. Lámina EPDM
7. Hidrograno en superficie inclinada
8. Anclaje de acero inoxidable plegado en la columna
9. Aislamiento
10. Perfil de acero (100x100x10)
11. Perfil 140
12. Marco de madera
13. Separación 40°mm
14. Pared de cartón-yeso
15. Flejes soldados al perfil de acero
16. Perfil de agua de aluminio
17. Perfil de acero (200x100x10)
18. Recubrimiento de aluminio
19. Marco de la ventana de aluminio. Alcoa RT 100
20. Armario de cocina integrado en la fachada
21. Armazón de soporte de madera
22. Muro de carga interior, bloques de cal de 150 mm
23. Bloques de cal de 70 mm

Marc Koehler Architects

House Ijburg

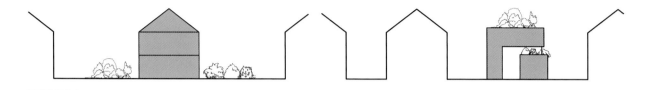

Roof garden | Jardín en azotea

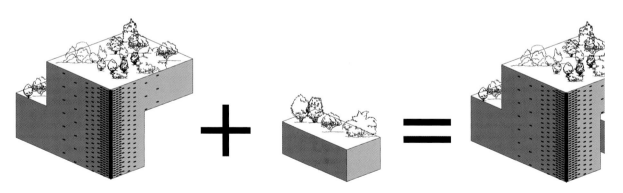

Diagram mass | Curva de valores acumulados

Marc Koehler Architects

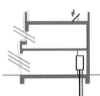

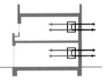

'Natural curtain' in summer combined with cooling system of the earth heat pump. Electrical power is generated by solar cells placed on the roof.

'Cortina natural' en verano combinada con el sistema de refrigeración de la bomba de calor de suelo.
La energía eléctrica se genera gracias a los paneles solares situados en el tejado.

Natural heating in winter combined with earth heat pump electrical power is generated by solar cells placed on the roof.

La calefacción natural en invierno combinada con la energía eléctrica de la bomba de calor de suelo se genera por medio de paneles solares situados en el tejado.

Balanced mechanical ventilation system, retrieving heat from exhaust.

Sistema de ventilación mecánico equilibrado, que recupera el calor del escape.

Integrating garden into a house

Integración del jardín a la casa

Energy sufficiency | Suficiencia energética

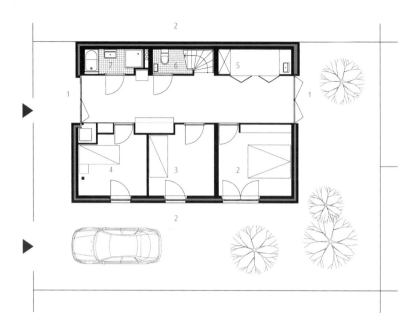

Ground floor plan | Planta baja

1. Hall   Entrada
2. Bedroom   Dormitorio
3. Bedroom   Dormitorio
4. Bedroom   Dormitorio
5. Storage   Almacenaje
6. Toilet   Aseo
7. Bathroom   Cuarto de baño

First floor plan | Planta primera

1. Living area   Sala de estar
2. Terrace   Terraza

The air conditioning is provided by solar panels on the roof, a mechanical heat recovery and natural ventilation system.

El acondicionamiento se realiza mediante unos paneles solares colocados en la cubierta, un sistema mecánico de recuperación de calor y una ventilación natural.

Lake Seymour Getaway

Marmora, Canada
Photos: © UCArchitect

This refuge, perfectly visible from the access road, is located in the picturesque region of Peterborough. The house enjoys spectacular views over the lake (from where it can hardly be seen) and the local trees, mainly pine and cedar.

A wooden L shaped panel indicates the access and traces a circular route through the façade. The link between inside and outside is accentuated by skylights, eaves and large openings in place of windows.

Various strategies relating to sustainability have been applied, such as cross ventilation, radiant floor heating, reinforcements to the insulation and passive solar energy. Special care has also been taken to create the least possible impact on the terrain and to preserve the surrounding trees and shrubbery.

Este refugio, perfectamente visible desde el camino de acceso, se encuentra en la pintoresca región de Peterborough. La casa disfruta de unas espectaculares vistas al lago (desde el que apenas se puede ver) y de los árboles de la zona, principalmente pinos y cedros.

Una pantalla de madera en forma de L señala el acceso y traza un camino circular a través de la fachada. El vínculo entre el interior y el exterior queda acentuado mediante claraboyas, aleros y grandes aberturas que sustituyen a las ventanas.

Se han aplicado diversas estrategias de sostenibilidad, como una ventilación cruzada, un suelo radiante, unos refuerzos en los aislamientos y una energía solar pasiva. Asimismo, se ha tenido un cuidado especial en causar el mínimo impacto posible sobre el terreno, y en preservar los árboles y arbustos del entorno.

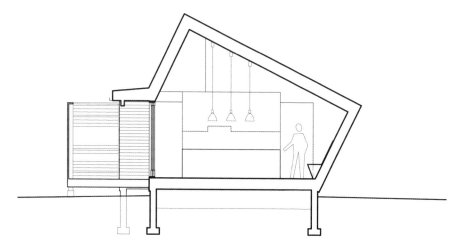

Section | Sección

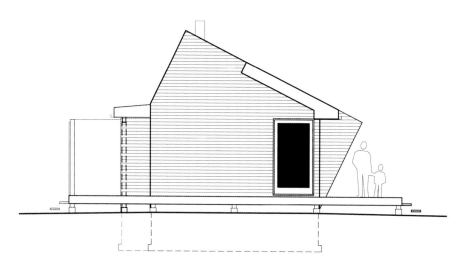

Section | Sección

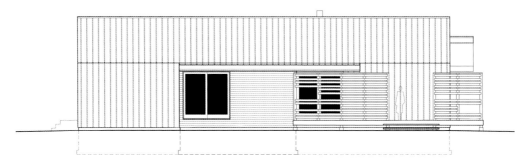

Elevation | Alzado

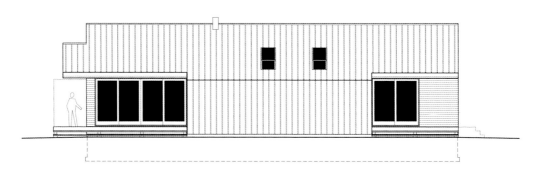

Elevation | Alzado

The project is designed to preserve the identity and character of the environment, on a suitable scale and with reduced surface areas, all of which makes the climatization, the lighting and cleaning the home, all the more easy.

El proyecto preserva la identidad y el carácter del entorno, con una escala apropiada y unos espacios de superficies reducidas que hacen más fácil el acondicionamiento, la iluminación y la limpieza de la vivienda.

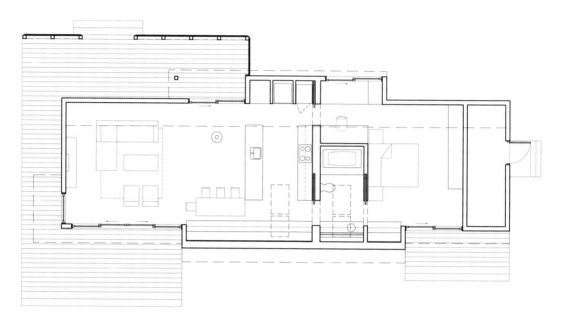

Floor plan | Planta

The interiors have been designed around a central nucleus which integrates the kitchen and bathroom. The only division is created by three sliding doors which can be combined in various ways.

Se ha configurado el espacio interior alrededor de un núcleo que integra la cocina y el baño. Las únicas separaciones son tres puertas correderas que se pueden combinar de múltiples formas.

Lake House

Port Stephens, Australia
Photos: © Rob Brown

This summer house, built on a deck to avoid floods, is comprised of seven pavilion-like sections, set around a central passage finished off by a large open fireplace. Access is by two ramps, one facing the lake and the other, the woodland.

The sections are organised according to their various uses in the home. This configuration is determined by the location on the shores of the lake, the local climate and the need to regulate the temperatures. The sections collect and store water (some of which is retained in a fire-prevention tank) and the resulting rubbish is recycled.

The sliding partitions and large openings in the pavilions allow the breeze to enter the house and the double sided fireplace provides heat for the main rooms. All the wood is in a greyish shade which contrasts with the colour of the surrounding trees.

Esta casa de veraneo, levantada sobre una plataforma para evitar inundaciones, está formada por siete pabellones que rodean un pasaje central coronado por una gran chimenea abierta. El acceso se realiza mediante dos rampas: una orientada hacia el lago y la otra, al bosque.

Los pabellones están organizados según los distintos usos de la vivienda. Esta configuración viene determinada por la ubicación junto a la orilla del lago, el clima de la zona y la necesidad de regular las temperaturas. Los pabellones recogen y almacenan el agua (parte de la cual se reserva en un depósito antiincendios), y la basura generada se recicla.

Los tabiques deslizantes y las amplias aberturas de los pabellones permiten la entrada de la brisa marina en la casa y la doble chimenea calienta los espacios principales. Toda la madera tiene un color grisáceo que contrasta con el de los árboles de los alrededores.

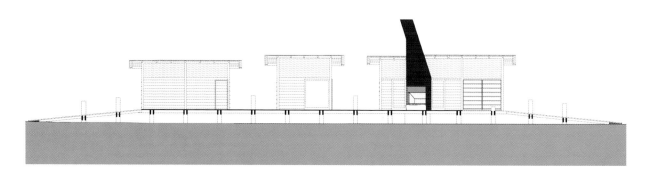

Elevations | Alzados

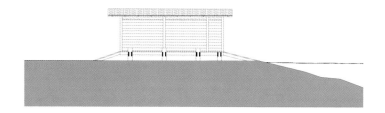

Elevations | Alzados

The house has been built on a deck to avoid the frequent floods in the area. The structure is supported by pillars which are driven a metre into the ground.

Se ha instalado la casa sobre una plataforma para evitar las frecuentes inundaciones de la zona. La estructura se apoya sobre unos pilares que se hunden un metro por debajo de la tierra.

Lake House

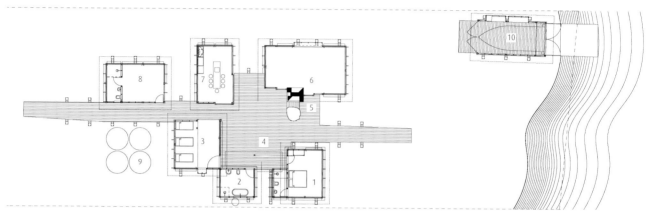

Floor plan | Planta

1. Master bedroom
2. Bathroom
3. Kids bedroom
4. Courtyard
5. Fireplace
6. Living room
7. Kitchen/dining room
8. Guestroom
9. Water tank
10. Boatshed

1. Dormitorio principal
2. Cuarto de baño
3. Dormitorio infantil
4. Patio
5. Chimenea
6. Sala de estar
7. Cocina/comedor
8. Dormitorio de invitados
9. Depósito de agua
10. Cobertizo para barcas

Casey Brown Architecture

Final Wooden House

Komamura, Japan
Photos: © Iwan Baan

This small albeit original bungalow is comprised of rectangular blocks of solid wood. In the shape of a cubes with the appearance of Jenga, this house is comprised of 350 mm cedar wood blocks piled one above the other.

The pieces of wood has been arranged in such a way as to create the walls, roofs, floor, furniture and windows. On the inside the recesses and protrusions become places to sit, lie down, climb and descend.

In the words of Fujimoto, the architect, «the special feature about this dwelling is continuously reinterpreted and depends on where each particular person is to be found. The rules applicable to conventional architecture are none existent here. There is neither a plan nor a stabilization point. This is only possible due to the versatility of wood, this being the structure, the insulation, the finish and the furniture».

Este pequeño y original bungalow está compuesto por bloques rectangulares de madera maciza. Con forma de cubo y un aspecto del juego yenga, esta casa está formada por secciones de madera de cedro de 350 mm apiladas unas sobre otras.

Se han dispuesto las piezas de madera formando las paredes, los techos, el suelo, los muebles y las ventanas. En el interior los salientes y entrantes se convierten en superficies para sentarse, acostarse, subir y bajar.

Según el arquitecto, «el carácter especial de este habitáculo se reinterpreta continuamente y depende del lugar donde se encuentre cada persona. Aquí las reglas convencionales de la arquitectura no existen. No hay ni siquiera un plano o un punto de estabilización. Esto es posible sólo porque la madera es versátil, porque es a la vez estructura y aislamiento, el acabado y los muebles», comenta Fujimoto.

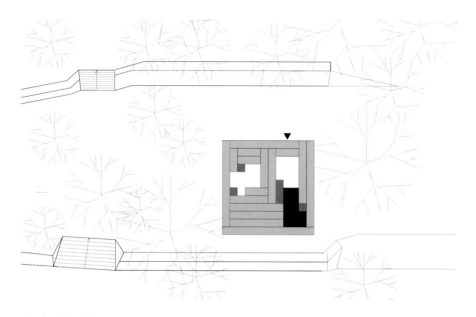

Site plan | Plano de situación

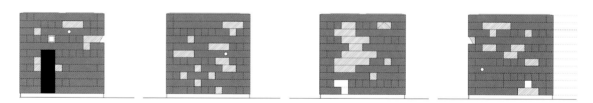

Elevations | Alzados

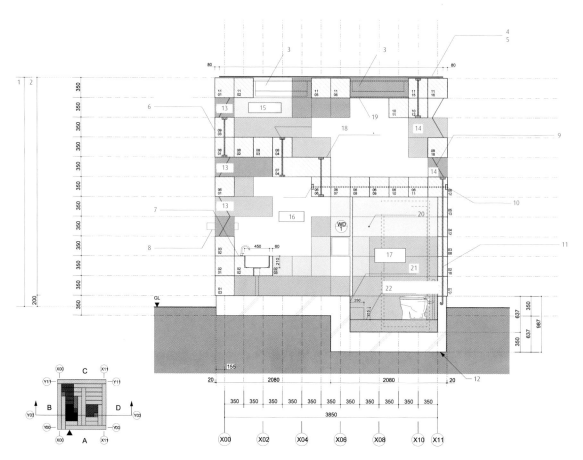

Section | Sección

1. Building height: 4050
2. Wooden structure height: 3850
3. Top light shade. Support stainless steel
4. Waterproof line/top light single glass t:10
5. 17200 Drainage slope
6. Exterior wall. Water resistant paint
7. Living room. Water resistant paint
8. Bent cap: bent metal plate
9. Openings single glass t:6 fixed at 30 degrees tilt
10. Bolt bedding
11. Vertical stabilizer: Thread Bolt D16

12. Basement slab
13. Glass B
14. Glass D
15. Bedroom
16. Kitchen
17. Bathroom
18. Living room. Water resistant paint
19. Top light upper part: 20 mm acrylic board
20. Bathroom: Walls and ceiling white paint
21. Bathroom: Concrete and white paint
22. Bathroom floor: Concrete with cement finish. Water resistant paint

1. Altura del edificio: 4050
2. Altura de la estructura de madera: 3850
3. Pantalla de la lámpara superior. Soporte acero inoxidable
4. Línea impermeable/vidrio sencillo de la lámpara superior t:10
5. 17200 Pendiente de drenaje
6. Pared exterior. Pintura impermeable al agua
7. Sala de estar. Pintura impermeable al agua
8. Tapa doblada: placa de metal doblada
9. Aperturas vidrio sencillo t:6 fijadas con una inclinación de 30 grados
10. Base para pernos

11. Estabilizador vertical: Perno de rosca D16
12. Losa de cimiento
13. Vidrio B
14. Vidrio D
15. Habitación
16. Cocina
17. Baño
18. Sala de estar. Pintura impermeable al agua
19. Parte superior de la lámpara superior: panel acrílico de 20 mm
20. Baño: Paredes y techo con pintura blanca
21. Baño: Hormigón y pintura blanca
22. Suelo del baño: Hormigón con acabado de cemento. Pintura impermeable al agua

The house, in the shape of a cube with 4 metre long sides, has been built entirely from natural cedar wood (a tree typical of the zone), resulting in sustainable construction and achieving a low environmental impact.

La vivienda, un cubo cuyos lados miden 4 m de longitud, ha sido construida íntegramente con madera de cedro natural (árbol típico de la zona); de este modo se ha logrado un bajo impacto ambiental y una construcción sostenible.

Sou Fujimoto Architects

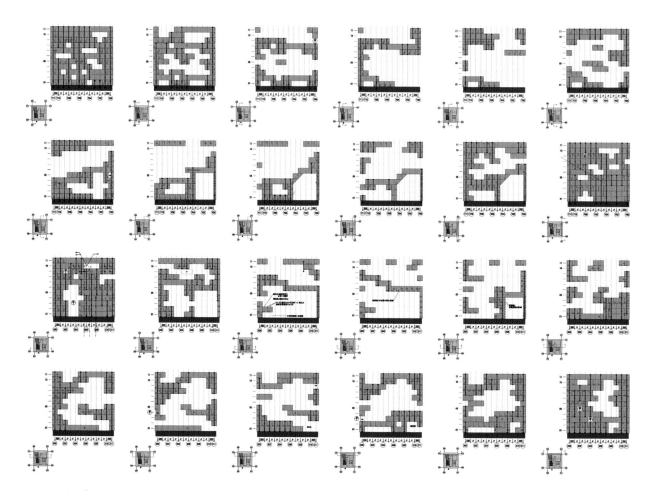

Sections | Secciones

Inside the home is comprised of large different sized blocks, all square, which intersect and support each other to create numerous different planes.

El interior de la vivienda está compuesto por grandes bloques de distinto tamaño, todos ellos de sección cuadrada, que se entrecruzan y se sostienen entre sí formando múltiples planos diferentes.

Yasuhiro Yamashita/Atelier Tekuto

Aluminum-ring House 1

Kanagawa, Japan
Photos: © Toshihiro Sobajima

This house has been built from a square structure comprised of a combination of aluminium rings. The architects have opted for this material on account of it being resistant, inexpensive and easy to use. In the centre of the house, on the ground floor, these rings form a square casing which serves as the base for the structure as well as a radiator. The home's climatic conditioning therefore achieved by the water, cold or hot, circulating through the narrow piping inside the rings. Thanks to the installation of a water pump, the hot water also circulates beneath the flooring.

Future plans include the integration of solar energy and geothermal heating which will allow for a reduction in energy consumption and carbon dioxide emissions.

Esta casa se ha construido a partir de una estructura cuadrada formada por anillos de aluminio ensamblados. Los arquitectos se decantaron por este material por tratarse de una opción resistente, económica y de fácil montaje. Situadas en el centro de la vivienda y en la planta baja, esta especie de anillos forman una caja cuadrada que actúa como base de la estructura, así como de radiador. Así pues, el acondicionamiento climático de la vivienda se realiza mediante la circulación del agua –fría o caliente– por unas delgadas tuberías situadas dentro de los anillos. Asimismo, el agua caliente circula por debajo del suelo gracias a la instalación de una bomba de agua.

En un futuro, la casa integrará energía solar y calor geotérmico, lo que permitirá reducir el consumo de energía y las emisiones de dióxido de carbono.

Yasuhiro Yamashita/Atelier Tekuto

The square shaped aluminium sections are kept away from the external walls to improve thermal efficiency and actually forms a casing in the heart of the home.

Las piezas de aluminio cuadradas están separadas de las paredes exteriores para mejorar la eficiencia térmica. De esta manera, forman una caja situada en el corazón de la vivienda.

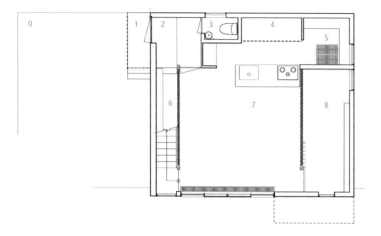

Ground floor plan | Planta baja

1. Porch
2. Entry
3. Toilet
4. Storage
5. Closet
6. Storage
7. LDK
8. Music room

1. Porche
2. Entrada
3. Aseo
4. Almacenaje
5. Armario
6. Almacenaje
7. LDK
8. Sala de música

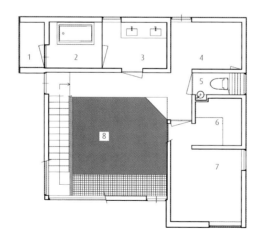

First floor plan | Primera planta

1. Terrace
2. Bathroom
3. Wash room
4. Spare room
5. Toilet
6. Closet
7. Bedroom
8. Multi-purpose room

1. Terraza
2. Cuarto de baño
3. Cuarto de aseo
4. Habitación extra
5. Aseo
6. Armario
7. Dormitorio
8. Sala de usos múltiples

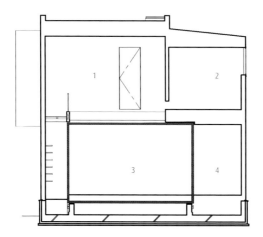

Y-Y section | Sección Y-Y

1. Multi-purpose room   Sala de usos múltiples
2. Bed Room   Dormitorio
3. LDK   LDK
4. Music room   Sala de música

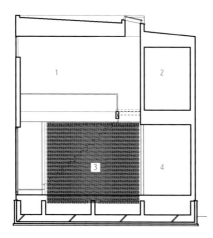

X-X section | Sección X-X

1. Multi-purpose room   Sala de usos múltiples
2. Wash room   Aseo
3. LDK   LDK
4. Entry   Entrada

Yasuhiro Yamashita/Atelier Tekuto

Straw House

Eschenz, Switzerland

Photos: © Georg Aerni

This house has been constructed with solid panels, prefabricated blocks comprised of a densely compacted layer of straw, small pieces of wood and a concrete core appreciated on the inside surfaces.

The nature of straw and its low cost makes this an ideal material for sustainable construction. Its insulation properties have been known since ancient times when straw was frequently used as a prime material to build their homes. But the difference now is that a densely compacted «sandwich» type structure is used, created by very lightweight insulating sections. Straw compacted to this degree has better insulation properties than wood and is less inflammable. Also as regards time, straw is produced much faster that the wood from a tree since this obviously takes much longer to grow.

Esta vivienda ha sido construida con sólidos paneles, unos bloques prefabricados compuestos por una capa de paja muy condensada, pequeños trozos de madera y un corazón de cemento que se aprecia en las superficies interiores.

Por su naturaleza y bajo coste, la paja es un material excelente para la construcción sostenible. Sus propiedades aislantes ya eran conocidas por las sociedades antiguas, que recurrieron a esta materia prima para construir sus viviendas. Pero a diferencia de ellas, en esta ocasión se ha empleado una paja supercondensada, como si fuera una especie de «sándwiches» formados por paneles muy livianos que aíslan de la temperatura. La paja condensada en este grado es mucho más aislante que la madera y menos inflamable. Además, en términos de tiempo, la paja se obtiene con mucha más rapidez que la madera de un árbol, ya que éste tarda mucho más en crecer.

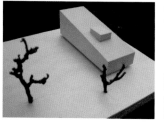 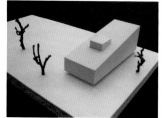  

Scale model | Modelo a escala

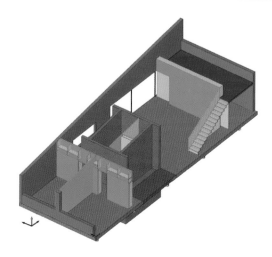

Axonometric | Axonometría

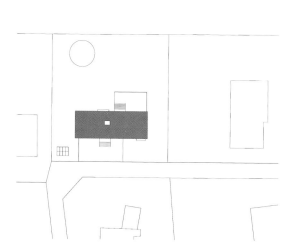

Site plan | Plano de situación

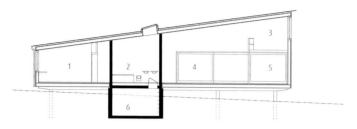

Longitudinal section | Sección longitudinal

1. Children's bedroom   Dormitorio infantil
2. Bathroom   Cuarto de baño
3. Gallery   Galería
4. Living room   Sala de estar
5. Parents' bedroom   Dormitorio de los padres
6. Cellar   Sótano

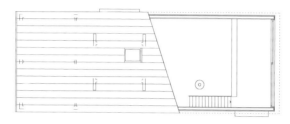

Gallery section | Sección de la galería

Floor plan | Planta

1. Children's bedroom   Dormitorio infantil
2. Kitchen   Cocina
3. Entrance   Entrada
4. Living room   Sala de estar
5. Parents' bedroom   Dormitorio de los padres

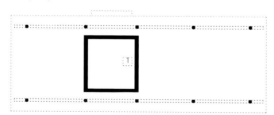

Cellar | Sótano

1. Cellar   Sótano

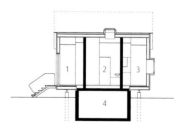

Cross section | Sección transversal

1. Entry   Entrada
2. Bathroom   Cuarto de baño
3. Kitchen   Cocina
4. Cellar   Sótano

The heart of the home is in concrete and includes the kitchen, the bathroom and a small wine cellar. The house is orientated in such a was as to make the most of the natural light.

El corazón de la vivienda es de cemento y abarca la cocina, el baño y una pequeña bodega. Gracias a la orientación de la casa, los espacios aprovechan al máximo la luz natural.

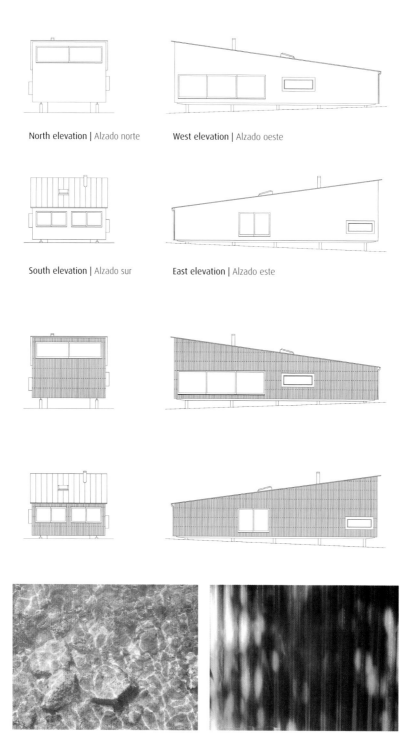

North elevation | Alzado norte

West elevation | Alzado oeste

South elevation | Alzado sur

East elevation | Alzado este

Exterior wall: Detail and inspiration | Pared exterior: Detalle e inspiración

Felix Jerusalem

Marc Dixon

Lovely Ladies Weekender

Victoria, Australia

Photos: © Lucas Dawson

Located in the rural zone of South Gippsland, this house is the result of an alternative project proposed by three old friends who wanted to live on the coast, in a cheap, eco-friendly property. To meet these requirements, a rectangular structure was designed, two-storeys high and 3.9 metres wide.

The architect has designed the floor plan with the supporting surface area as small as possible, to keep the costs down and avoid altering the terrain. Likewise, the position of the house allows for cross ventilation. Energy consumption is low, since the steel Colorbond cladding, which requires hardly any maintenance, and the cedar wood and steel window frames guarantee thermal insulation.

Rainwater is collected on the roof, also in steel cladding, and channelled down to two large water tanks at the back of the house.

Situada en la zona rural de South Gippsland, esta casa es el resultado de un proyecto alternativo planteado por tres viejos amigos que querían vivir en la costa, en una vivienda barata y ecológica. En respuesta a esos requerimientos, se ha diseñado una estructura rectangular de dos plantas y 3,9 m de ancho.

El arquitecto ha diseñado la planta de manera que la superficie de apoyo sea lo más pequeña posible, para reducir costes y no alterar el terreno. Asimismo, la colocación de la vivienda permite una ventilación cruzada. Los niveles de consumo de energía son bajos, ya que el revestimiento de acero Colorbond –que apenas requiere mantenimiento– y las perfilerías de madera de cedro y acero de las ventanas garantizan el aislamiento térmico.

El agua de la lluvia se recoge en la cubierta –también revestida de acero– y se canaliza hacia los dos grandes tanques de agua instalados en la parte posterior de la vivienda.

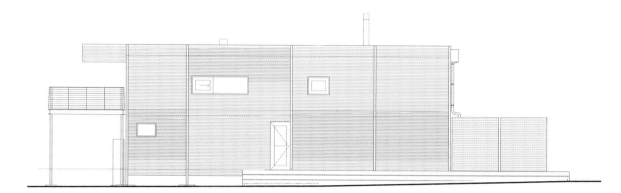

North elevation | Alzado norte

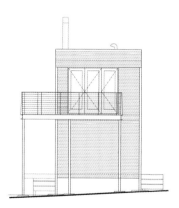

East elevation | Alzado este

Marc Dixon

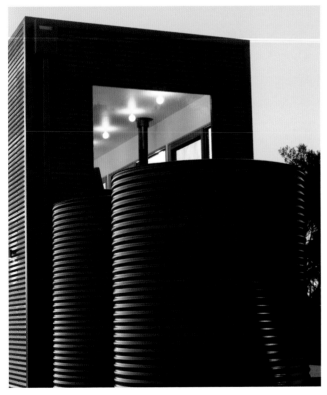

Marc Dixon

Lovely Ladies Weekender

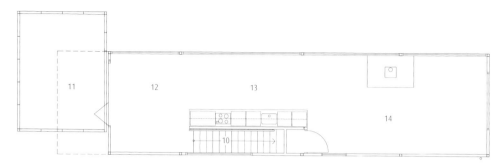

Second floor plan | Segunda planta

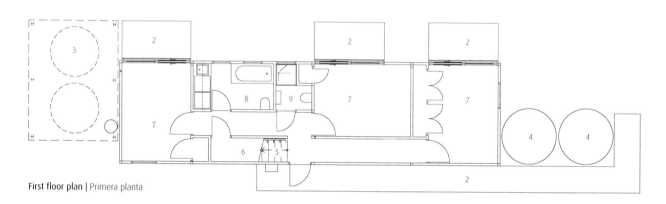

First floor plan | Primera planta

1. Entrance	Entrada	8. Bathroom	Cuarto de baño
2. Deck	Plataforma	9. Shower room	Ducha
3. Deck area over	Área sobre plataforma	10. Stairs	Escaleras
4. Tank	Depósito de agua	11. Open deck	Plataforma abierta
5. Stairs	Escaleras	12. Dinning room	Comedor
6. Storage	Almacenaje	13. Kitchen	Cocina
7. Bedroom	Dormitorio	14. Living room	Sala de estar

Cross ventilation is favoured by both the orientation and floor plan of this rectangular house. The bathroom and bedrooms are located on the ground floor with the lounge, kitchen and dining room on the upper floor.

Tanto la orientación como la planta favorecen la ventilación cruzada de esta casa rectangular. Los baños y los dormitorios se encuentran en la planta baja; el salón, la cocina y el comedor, en la planta superior.

Lovely Ladies Weekender

Marc Dixon

Lovely Ladies Weekender

Crow's Nest House in Hattem

Hattem, The Netherlands
Photos: © Luuk Kramer

Situated on the borders of the historic town of Hattem, with spectacular views over the town and river, originally built in 1900, this house has been completely renovated by Arconiko Architecten, and designed in accordance with the concept of sustainability.

A practical strategy has been adopted for the renovation work, bearing in mind the area the property is located. Part of the existing structure has therefore been put to use, such as the garage, the foundations, the wine cellar and the Eastern façade. The layout of the rooms makes the most of the sunlight and the communal zones, such as the lounge and the kitchen, feature a South facing high density glass façade.

Due to the various strategically located skylights, all the most secluded rooms on the North facing side of the house receive natural light. Another aspect relating to sustainability is the use of local materials such as the wood for the main structure, the roof, the framework and the staircase.

Situada al borde del centro histórico de Hattem y con fantásticas vistas al río y al pueblo, esta casa del 1900 totalmente renovada por Arconiko Architecten, ha sido diseñada siguiendo un concepto de sostenibilidad.

En la reforma, se ha optado por una estrategia sensata, considerando el área en la que se encuentra la vivienda. Así, se ha aprovechado parte de la estructura existente, como el garaje, los cimientos, la bodega y la fachada Este. La disposición de los espacios aprovecha al máximo la luz del sol, y las áreas sociales, como el salón y la cocina, tienen una fachada de cristal de alta densidad orientada hacia el Sur.

Mediante la colocación estratégica de diversos tragaluces, la luz natural llega a los espacios más escondidos en el lado Norte. Otro aspecto de la sostenibilidad es el uso de materiales de la región, como la madera de la estructura central, la cubierta, la perfilería y la escalera.

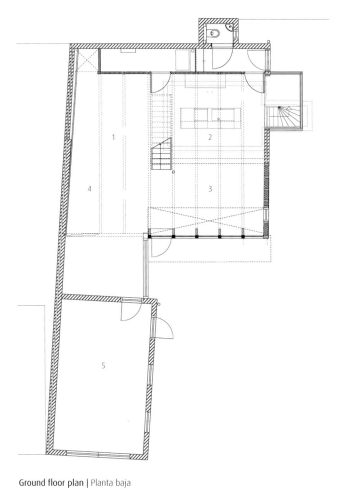

Ground floor plan | Planta baja

1. Living area   Salón
2. Cooking area   Área para cocinar
3. Eating area   Área para comer
4. Working area   Área de trabajo
5. Existing building   Edificio existente

Crow's Nest House in Hattem

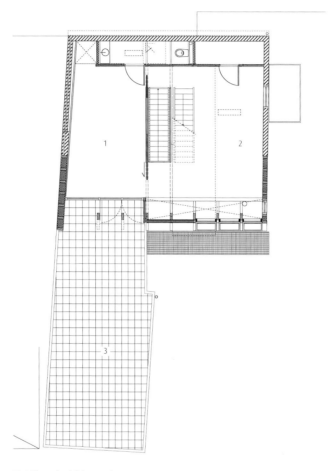

First floor plan | Primera planta

1. Sleeping area   Zona de dormitorios
2. Working area   Área de trabajo
3. Terrace   Terraza

The skylights not only interconnect the interiors, they also provide spectacular views culminating in the «Crow's nest», a ledge projecting from the roof.

Los tragaluces conectan los espacios interiores y ofrecen unas vistas que culminan en el «Nido del cuervo», una plataforma en voladizo que sale de la cubierta.

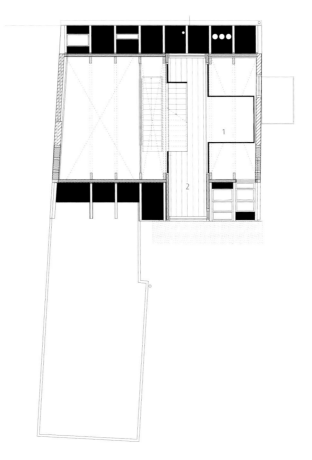

Second floor plan | Segunda planta

1. Space with view   Espacio con vistas
2. Sleeping area   Zona de dormitorios

Arconiko Architecten

Barrio Metálico

Arizona, USA
Photos: © Liam Frederick,
Rob Paulus, Brad Wheeler

The «Barrio metálico» is a small community made up of nine family homes in the industrial zone of Millville, in Tucson.

Each of the homes has an exterior made from galvanised corrugated sheet metal. The 2 cm thick walls incorporate insulation to protect against the 41°C in summer and the average 4°C in winter.

Rainwater is stored in vertical metal tanks outside the homes and used for watering. The carefully planned openings made in the surrounding walls increase the amount of natural light entering and reduces the transferred heat to a minimum. The adobe frame is a reused frame taken from a place where the workers from an old factory used to stay. Wood and corrugated metal taken from a demolished building has been used for the rest of the frame. Energy from solar panels is used in the common circulation zones.

El «Barrio metálico» es una pequeña comunidad formada por nueve residencias familiares y situada en la zona industrial de Millville, en Tucson.

El revestimiento exterior de las viviendas es de chapa corrugada galvanizada. Las paredes de 2 cm de espesor incorporan un aislamiento para protegerse de los 41 °C en verano y los 4 °C de media durante el invierno.

El agua de la lluvia se almacena en tanques metálicos verticales situados en el exterior de las viviendas y se utiliza para el riego. Las perforaciones realizadas en las paredes envolventes, cuidadosamente estudiadas, aumentan la entrada de luz natural y reducen al mínimo la transferencia de calor. El cerco de adobe es el resultado de la reutilización de una estructura donde se alojaban los trabajadores de una antigua fábrica. Para construir otra parte de este cerco se ha empleado madera y metal corrugado rescatado de un edificio demolido. En las áreas de circulación comunes, se emplea energía proveniente de unos paneles solares.

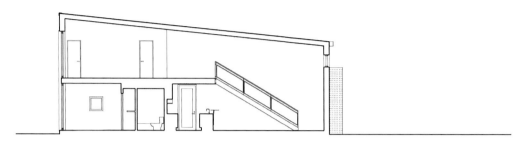

Section | Sección

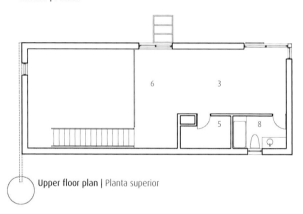

Upper floor plan | Planta superior

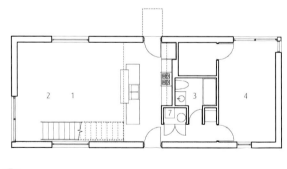

Lower floor plan | Planta inferior

1.	Living	Salón
2.	Kitchen	Cocina
3.	Bath	Baño
4.	Bedroom	Dormitorio
5.	Closet	Armario
6.	Loft	Loft
7.	Closet	Armario
8.	Bath	Baño

Rob Paulus Architects

In no way do these lofts renounce their industrial origins (something actually reinforced) and the pessimism reigning during their construction has also been defied to make this a successful building project.

Estos lofts no reniegan de su origen industrial (en realidad lo refuerzan) y han desafiado al pesimismo reinante durante su construcción para convertirse en un éxito inmobiliario.

House 205

Barcelona, Spain
Photos: © Starp Estudi

The architects have built this house without making any changes to the surroundings, having made the most of the place's character and the existing natural surroundings for accesses to the garden as well as preserving the appearance of the woodland and its vegetation. The only interventions have been the construction of the access road and the house itself, designed in accordance with the criteria for sustainability and a reduced impact on the environment.

The house is based on a structure in laminated wood which also incorporates KLH, cross-laminated timber. This system has the same impact as if it were a huge joist. Thanks to this system the carbon dioxide emissions associated with laying foundations are substantially reduced and there's a substantial saving of water with the dry construction. The laminated wood is also a renewable material used in a structure which can be taken apart and is therefore reusable and recyclable.

Los arquitectos han construido esta casa sin alterar el entorno y han sacado el máximo partido del carácter del lugar, aprovechando los espacios naturales existentes para realizar los accesos al jardín y conservando la fisonomía del bosque y su vegetación. Las únicas intervenciones han sido el camino de acceso y la construcción de la propia vivienda, diseñada siguiendo un criterio de sostenibilidad y con un bajo impacto medioambiental.

La casa está formada por una estructura de madera laminada que incorpora paneles de gran formato del tipo KLH. Este sistema se comporta como si fuera una gran viga. Gracias a este sistema se reducen sustancialmente las emisiones de dióxido de carbono asociadas a la cimentación, y se logra un gran ahorro en el agua, ya que el montaje se realiza en seco. Asimismo, la madera laminada es un material renovable y ha sido empleada en un sistema desmontable, por lo que es reutilizable y reciclable.

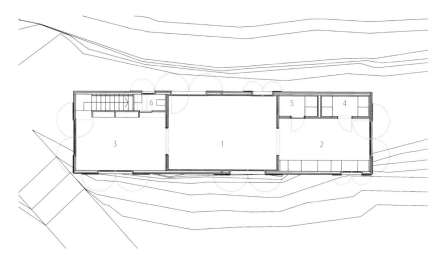

Ground floor plan | Planta baja

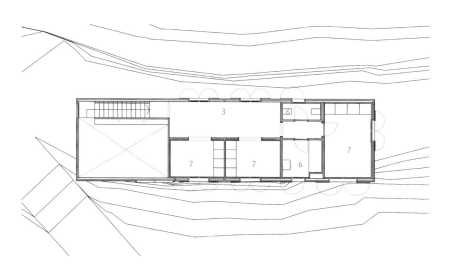

First floor plan | Primer piso

1. Seating room   Sala de estar
2. Kitchen   Cocina
3. Study   Estudio
4. Pantry   Despensa
5. Sink   Fregadero
6. Bathroom   Cuarto de baño
7. Bedroom   Dormitorio

H Arquitectes

The façades are finished in Flanders pinewood, a type of conifer. The door and window frames are all in wood and fitted with practical shutters.

Los acabados de las fachadas han sido realizados con madera de pino de Flandes, un tipo de conífera. Se han resuelto las aberturas con carpintería de madera y se han colocado postigos practicables.

H Arquitectes

House 205

H Arquitectes

Section | Sección

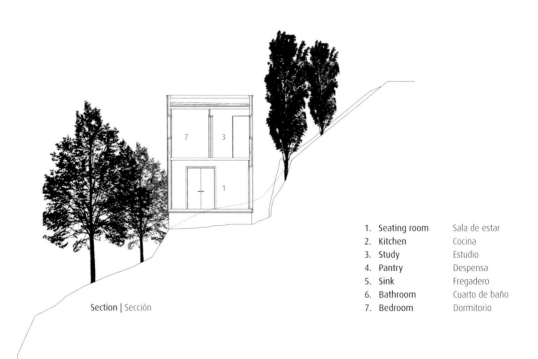

Section | Sección

1. Seating room   Sala de estar
2. Kitchen   Cocina
3. Study   Estudio
4. Pantry   Despensa
5. Sink   Fregadero
6. Bathroom   Cuarto de baño
7. Bedroom   Dormitorio

Joshua Tree

Various locations
Photos: © Hangar Design Group

This mobile home, designed to serve as a holiday home in a mountainous region, harks back to those alpine refuges with their ridged roofs and spectacular panoramic views. The exterior cladding is comprised of steel, zinc and titanium applied in large sheets using the same methods used for traditional wooden tiles. In time, these materials will gradually corrode giving the structure a darker appearance.

The architects have placed great emphasis on sustainability. The property's main structure is in laminated steel, a completely recyclable material and this being a prefabricated house also means there is no construction waste. The water, electricity and waste disposal systems have been designed so as to not leave any traces in the terrain once the structure has been moved to another location.

Esta casa móvil, concebida como residencia de vacaciones en una zona montañosa, recupera el espíritu de los refugios alpinos con sus tejados a dos aguas y hermosas panorámicas. El revestimiento exterior está compuesto de acero, zinc y titanio aplicado en grandes láminas mediante el método de colocación de las tradicionales tejas de madera. Con el paso del tiempo, este material se irá oxidando y aportará a la estructura una tonalidad más oscura.

Los arquitectos han puesto un gran énfasis en la sostenibilidad. La estructura principal de la casa es de acero laminado, un material completamente reciclable. Al tratarse de una casa prefabricada, su construcción no genera residuos. Los sistemas de agua, luz y eliminación de desperdicios han sido diseñados para que no dejen ningún tipo de huella en el terreno una vez que la estructura se haya trasladado a otro lugar.

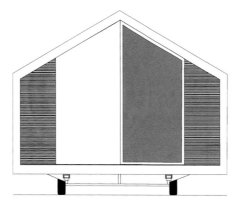

Elevation | Alzado

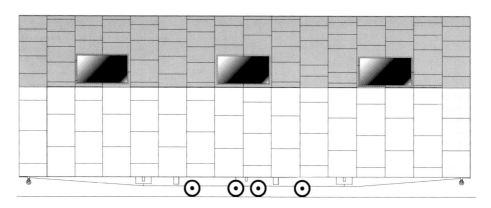

Elevation | Alzado

Hangar Design Group

215

Hangar Design Group

Floor plan | Planta

Kitchen
1. Oven
2. Table
3. Cooking area
4. Sink

Bedroom
1. Bed
2. Bedside table
3. Closet

Bathroom
1. Wash basin
2. Bidet
3. WC
4. Shower

Cocina
1. Horno
2. Mesa
3. Área de cocina
4. Fregadero

Dormitorio
1. Cama
2. Mesita de noche
3. Armario

Cuarto de baño
1. Lavamanos
2. Bidet
3. WC
4. Ducha

Double Bedroom
1. Bed
2. Bedside table
3. Closet

Small Bathroom
1. Wash basin
2. WC

Dormitorio doble
1. Cama
2. Mesita de noche
3. Armario

Dormitorio pequeño
1. Lavamanos
2. WC

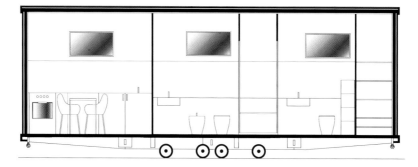

Section | Sección

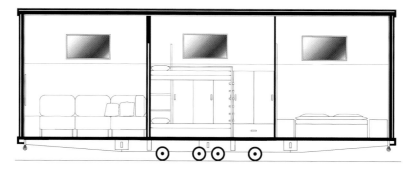

Section | Sección

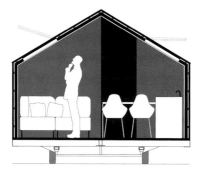

Section | Sección

Hangar Design Group

Designed to accommodate three or four people, the property includes two bedrooms with en suite bathrooms and a combined lounge, dining room and kitchen.

Diseñada para tres o cuatro personas, la casa consta de dos dormitorios con baño propio y un espacio con salón, comedor y cocina.

The Eyelid House

Victoria, Australia
Photos: © Emma Cross

The starting point for this family home was a small dark terrace. The challenge for the architect has been to transform this into a brightly lit house with three bedrooms and two bathrooms.

One feature of the design is the roof section in the shape of an eyelid with a view over the patio and where privacy is maintained on the inside. Energy consumption has been reduced by the shade created by the projecting roof sections and the large windows guaranteeing cross ventilation. The water is heated by a system which runs off solar panels. Other energy saving methods have also been adopted, such as controlling the water pressure in showers and taps, and rainwater stored on the roof.

All the wood used in the external and internal cladding comes from renewable forests and none of the paint used for the décor contains toxic substances.

El punto de partida de esta vivienda familiar es una terraza oscura y pequeña. El desafío para la arquitecta ha sido transformarla en una casa muy luminosa con tres habitaciones y dos baños.

En el diseño destaca la cubierta con forma de párpado que genera una vista hacia el patio y preserva la intimidad en el interior. Se ha reducido el consumo de energía gracias a la sombra que generan los salientes de la cubierta y las grandes aberturas de las ventanas que aseguran una ventilación cruzada. El agua se calienta a través de un sistema de paneles solares. También se han adoptado otras medidas de ahorro, como el control de la cantidad de agua vertida en duchas y grifos, y el almacenamiento del agua de la lluvia en la cubierta.

Toda la madera utilizada en los revestimientos exterior e interior proviene de bosques renovables, y la pintura de los acabados no contiene sustancias tóxicas.

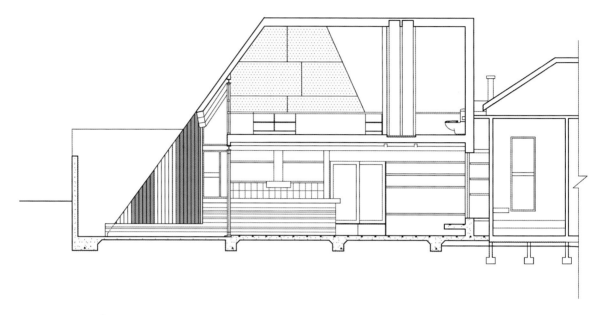

Section | Sección

The Eyelid House

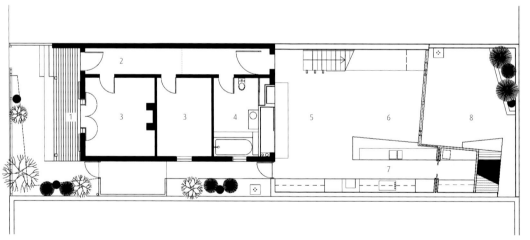

Ground floor plan | Planta baja

1. Veranda	Galería	5. Lounge	Salón
2. Entry	Entrada	6. Dining	Comedor
3. Bedroom	Dormitorio	7. Kitchen	Cocina
4. Bathroom	Cuarto de baño	8. Courtyard	Patio

The arabesque style of the façade and the interiors generates a rather exotic ambiance which blends with the collection of Turkish carpets and antique furniture.

El estilo arabesco de la fachada de la vivienda y de los interiores genera un ambiente exótico que combina con la colección de alfombras y muebles antiguos de Turquía.

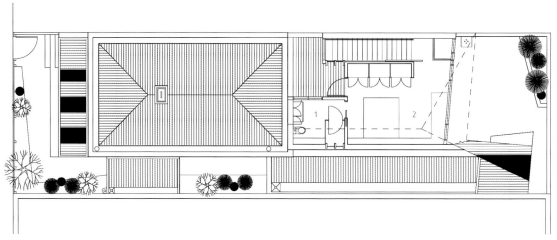

First floor plan | Primer piso

1. Bathroom Cuarto de baño
2. Bedroom Dormitorio

The Eyelid House

Clay Field

Suffolk, United Kingdom
Photos: © Nick Kane

This project, a RIBA award winner, from the Royal Institute of British Architects, combines contemporary architecture with sustainable construction, low energy consumption and the innovative use of local materials.

The difference in the 26 homes lies in the size and arrangement of the windows, designed to allow for natural light as well as to make the most of the views. The different scale of the buildings reduces the shade allowing the sun to reach all the homes in the winter. The houses are built on a wooden structure filled with Hemcrete, a mixture of lime and hemp in a spray form, which makes the walls airtight.

The interior floor plans make the most of the space, the light and the ventilation. In winter a mechanical system uses 80 percent of the hot air leaving the house to heat the air as it enters. All of the properties store and make use of the rainwater and receive heat from a communal biomass boiler.

Este proyecto –ganador del premio de la sociedad de arquitectos británicos RIBA– combina un diseño contemporáneo con una construcción sostenible, un consumo muy bajo de energía y un uso innovador de materiales autóctonos.

La variación en las 26 viviendas radica en el tamaño y la disposición de las ventanas, que a su vez permiten la entrada de luz natural y sacan el máximo partido de las vistas. Las diferentes escalas de los edificios reducen las sombras y hacen que durante el invierno el sol llegue a todas las viviendas. Las casas están construidas sobre una estructura de madera rellena con Hemcrete –una mezcla de cal y cáñamo en espray– que hace que las paredes sean herméticas.

Los planos interiores maximizan los espacios, la luz y la ventilación. En invierno, un sistema mecánico emplea el 80 por ciento del aire caliente que sale de la casa para calentar el aire que entra. A su vez, todas las viviendas almacenan y utilizan el agua de la lluvia y reciben calor de una caldera de biomasa común.

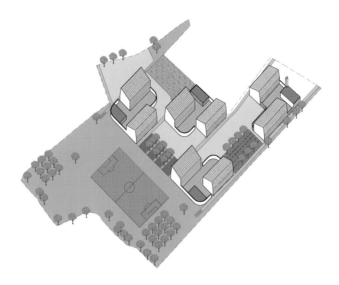

Axonometric view | Vista axonométrica

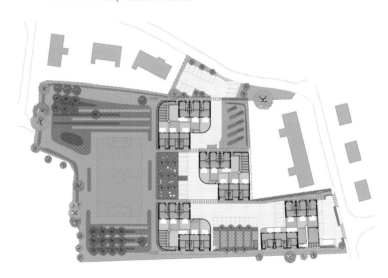

Site plan | Plano de situación

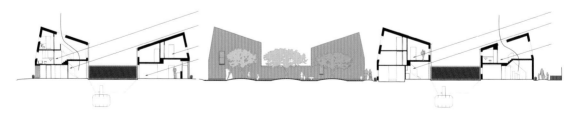

Site section | Sección del emplazamiento

Riches Hawley Mikhail Architects

Public spaces include communal gardens and land to cultivate. Trees have also been planted which don't require a lot of care and some areas have been reserved for relaxation and to allow for the socialising to promote life in the community.

Los espacios públicos incluyen jardines comunales y terreno para cultivar. También se han plantado árboles que no requieren muchos cuidados y se han reservado unos espacios para la relajación y la socialización que permiten potenciar la vida en comunidad.

All houses face south
To maximise passive solar gain the buildings are staggered to avoid over shadowing even in winter. Lower two-storey buildings are to the south of the taller three-storey buildings.

Todas las casas están orientadas al sur
Para maximizar el beneficio solar pasivo, los edificios están escalonados para evitar que se hagan sombra incluso en invierno. Los edificios más bajos, de dos pisos, están situados al sur de los edificios más altos, de tres pisos.

Pedestrians have priority
Raised paths connect all parts of the site and act as traffic calming. Vehicles access a "homezone" which winds through the courtyards, most parking is to the perimeter of the site.

Los peatones tienen prioridad
Caminos elevados conectan todas las partes del emplazamiento y reducen el tráfico. Los vehículos acceden a una "zona de casas" que serpentea a través de patios, y la mayoría de aparcamientos están en el perímetro del emplazamiento.

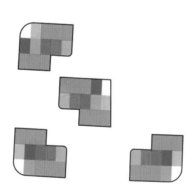

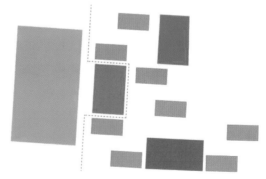

All houses have gardens
Houses are grouped in terraces of three and neighbourhoods of six, enclosing private gardens.

Todas las casas tienen jardines
Las casas están agrupadas en terrazas de tres y vecindarios de seis, que cercan jardines privados.

Village space
Three small gardens are scattered between the groups of houses, small children's play is a pocket of green space next to the larger play area for the whole village.

Espacios de la aldea
Hay tres pequeños jardines esparcidos entre los grupos de casas, con una pequeña zona infantil verde al lado de una zona de juegos más grande para toda la aldea.

Section AA across site
Sección AA a través del emplazamiento

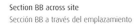

Section BB across site
Sección BB a través del emplazamiento

Section CC from Jubilee Terrace
Sección CC desde Jubilee Terrace

Section DD from Jubilee Thedwastre Close
Sección DD desde Jubilee Thedwastre Close

Site sections | Secciones del emplazamiento

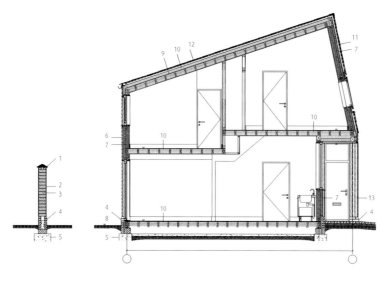

Detailed section | Sección detallada

1. Cedar shingle doping
2. Lime render
3. Mud blocks in lime mortar
4. Bricks in lime mortar
5. Concrete foundations with 50% GGBS
6. Tapered board cedar cladding
7. Hempcrete
8. Garden -150
9. Supalux board
10. Isonat insulation
11. Cedar shingles
12. Soffit +2740
13. Smooth cedar boards

1. Teja de madera de cedro
2. Revoco de cal
3. Bloques de barro en mortero de cal
4. Ladrillos de mortero de cal
5. Fundaciones de hormigón con 50% GGBS
6. Revestimiento de cedro de panel cónico
7. Hempcrete (nuevo material formado por cáñamo y hormigón)
8. Jardín -150
9. Panel Supalux
10. Aislamiento Isonat
11. Tejas de cedro
12. Sofito +2740
13. Paneles de cedro lisos

Detailed section through gable wall of two bedroom house

Sección detallada a través del piñón de atrás de una casa de dos habitaciones

1. Cedar shingles
2. Supalux board
3. Isonat insulation
4. Lime render
5. Bricks in lime mortar
6. Garden -150
7. Concrete foundations with 50% GGBS

1. Tejas de cedro
2. Panel Supalux
3. Aislamiento Isonat
4. Revoco de cal
5. Ladrillos de mortero de cal
6. Jardín -150
7. Fundaciones de hormigón con 50% GGBS

Riches Hawley Mikhail Architects

The owners have been consulted in each construction phase and also received a manual entitled "Life in your eco home", with useful advice on such as when its advisable to open the windows and when its best to close them.

Los propietarios han sido consultados en cada fase de la construcción y reciben un manual titulado *Cómo vivir en tu casa eco*, con consejos útiles como, por ejemplo, cuándo conviene abrir las ventanas y cuándo es mejor cerrarlas.

House type A | Casa tipo A

Garden elevation
Elevación jardín

Section
Sección

First floor plan
Primer piso

Entrance elevation
Elevación entrada

Ground floor plan
Planta baja

House type B | Casa tipo B

Garden elevation
Elevación jardín

Section
Sección

Entrance elevation
Elevación entrada

Section
Sección

First floor plan
Primer piso

Ground floor plan
Planta baja

House type C | Casa tipo C

Section
Sección

Garden elevation
Elevación jardín

Second floor plan
Segundo piso

First floor plan
Primer piso

Entrance elevation
Elevación entrada

Ground floor plan
Planta baja

House type A /B / C	Casa tipo A /B / C
1. Bedroom	1. Dormitorio
2. Living/dining room	2. Salón/comedor
3. Kitchen	3. Cocina
4. WC	4. WC
5. Home office	5. Oficina en casa
6. Storage	6. Almacenaje
7. Shower room	7. Cabina de ducha
8. Entrance	8. Entrada
9. Path	9. Camino
10. Terrace	10. Terraza
11. Garden	11. Jardín

Glass & Timber Houses

London, United Kingdom
Photos: © Tim Soar

Built on a plot previously occupied by two workshops in a residential zone, these two new houses feature detailed carpentry and an intelligent distribution which combines the compact wooden sections with the open plan and glazed areas.

The building occupies an irregular shaped plot which has allowed for gardens to be created on each of the corners. Both of the properties also feature an inside garden which provides a great deal of natural light which filters through the double height window panes on the ground floor. Biodiversity is something equally encouraged in the ground floor gardens as those on both house roofs, ideal conditions for birds and insects. Rainwater is also collected on the roof and used to water the greenery.

The façades feature enormous glazed areas, the vertically and horizontally opening windows, for guaranteed ventilation.

Situadas en el solar que antes ocupaban unos talleres dentro de una comunidad residencial, estas dos nuevas casas destacan por un detallado trabajo de carpintería y una planimetría inteligente que combina las formas compactas de madera con los espacios abiertos y el cristal.

La construcción ocupa un solar de forma irregular, lo cual ha permitido la creación en cada esquina de jardines. Cada vivienda dispone también de un jardín interior, del que proviene gran cantidad de luz natural que se filtra a través de los cristales de doble altura de la planta baja. Se ha potenciado la biodiversidad tanto en los jardines a nivel de suelo como en los que ocupan la cubierta de ambas viviendas, proporcionando las condiciones idóneas para pájaros e insectos. Asimismo, el agua de la lluvia se recoge en la cubierta y se emplea para regar las zonas verdes.

Una enorme superficie de cristal ocupa las fachadas; las ventanas, que se abren en vertical y horizontal, aseguran la ventilación.

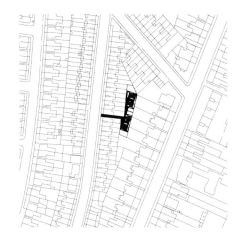

Site plan | Plano de situación

Roof plan | Plano de la cubierta

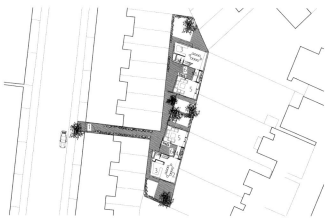

Ground floor plan | Planta baja

1. Site entrance   Entrada del emplazamiento
2. Dining room   Comedor
3. Kitchen   Cocina
4. Link   Enlace
5. Living room   Salón
6. Courtyard   Patio

First floor plan | Primer piso

1. Master bedroom   Dormitorio principal
2. Bedroom   Dormitorio
3. Link   Enlace
4. WC   WC

Hampson Williams

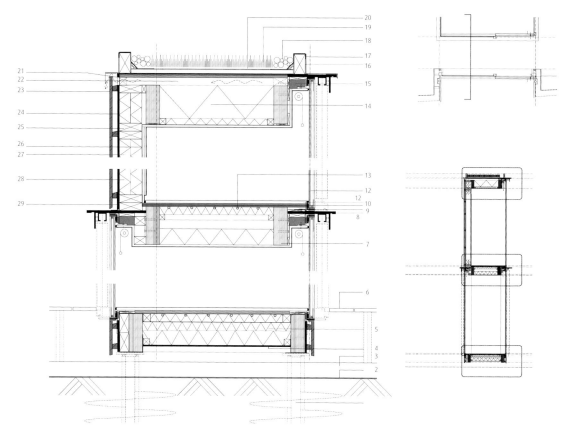

Link detail | Detalle del enlace

1. Pile cap detail
2. Geotextile membrane
3. 100 mm gravel sub-base
4. 13 mm cementitious exterior grade lining panel
5. Multi-layer thermal insulation
6. 150/22 mm massandubra timber decking
7. 241/89 mm glulam beam
8. 15 mm mild steel angle
9. 50/50 mm aluminium angle
10. 22 mm WBP plywood
11. 18 mm bamboo flooring
12. 11/22/10 mm laminated & toughened double glazed unit with perimeter back painting
13. Underfloor heating pipework
14. 240 mm multi-layer thermal insulation
15. 100/50 mm Douglas fir sub-frame
16. Bonded aluminium flashing
17. 125/75 mm tanalised timber batten
18. River pebble border
19. Extensive sedum roof blanket

20. Recycled PVC thermally welded single ply membrane
21. Insect mesh
22. 50 mm ventilation zone
23. 17/125 mm Canadian western red cedar cladding secret fixed to 32/32 mm profiled treated timber counter battens (staggered pattern) with translucent fire retardant impregnation
24. 13 mm cementitious exterior grade lining panel
25. 150/50 mm tanalised softwood framing
26. Vapour control layer
27. 150 mm multi-layer thermal insulation
28. 25 mm multi-layer plasterboard
29. Self adhesive PVC waterproof tap

1. Detalle de la zapata sobre pilotes
2. Membrana Geotextile
3. Lecho de cimiento de grava de 100 mm
4. Panel de recubrimiento exterior cementoso de 13 mm
5. Aislamiento térmico multicapas
6. Plataforma de madera de massaranduba de150/22 mm
7. Viga de Madera laminada de 241/89 mm
8. Ángulo de acero suave de 15 mm
9. Ángulo de aluminio de 50/50 mm
10. Madera contrachapada WBP de 22 mm
11. Suelo de bamboo de 18 mm
12. acristalamiento doble laminado y endurecido de 11/22/10 mm con pintura posterior perímetro
13. Tuberías de la calefacción subterránea
14. Aislamiento térmico multicapas de 240 mm
15. Submarco de abeto de Douglas de 100/50 mm
16. Chapa protectora de aluminio pegada

17. Listón de madera tanalizada de 125/75 mm
18. Borde de piedras de río
19. Gran tapiz de sedum para tejado ecológico
20. Membrana de una capa de PVC reciclado soldado térmicamente
21. Malla protectora de mosquitos
22. Zona de ventilación de 50 mm
23. Revestimiento de cedro rojo canadiense de 17/125 mm fijado a listones de madera tratada moldurada de 32/32 mm (diseño alternado) impregnados con líquido ignífugo translúcido
24. Panel de recubrimiento exterior cementoso de 13 mm
25. Enrejado de Madera blanda tanalizada de 150/50 mm
26. Capa de control del vapor
27. Aislamiento térmico multicapas de 150 mm
28. Cartón-yeso multicapas de 25 mm
29. Cinta autoadhesiva impermeable de PVC

The wooden panels on the walls, which provide good insulation, were the choice of the owner, a carpenter by profession. These have been covered in vertical strips of red cedar timber.

Los paneles de madera de las paredes –que ofrecen un buen aislamiento– han sido seleccionados por el propietario, carpintero de profesión. Se han revestido con tablones de cedro rojo dispuestos verticalmente.

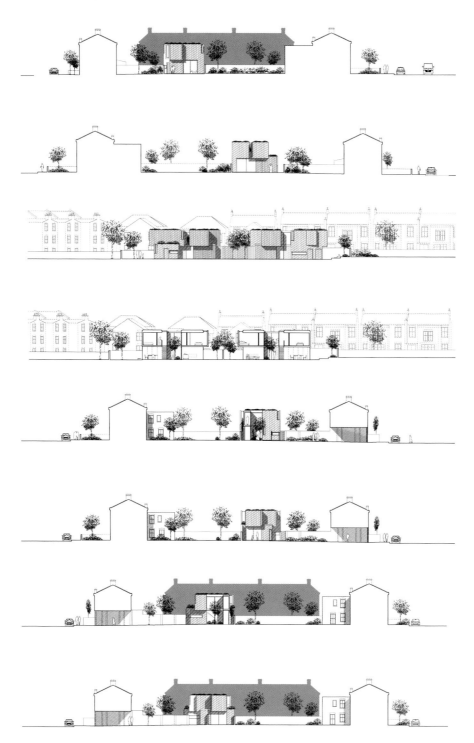

Sections | Secciones

Hampson Williams

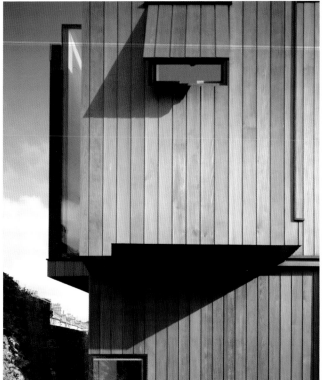

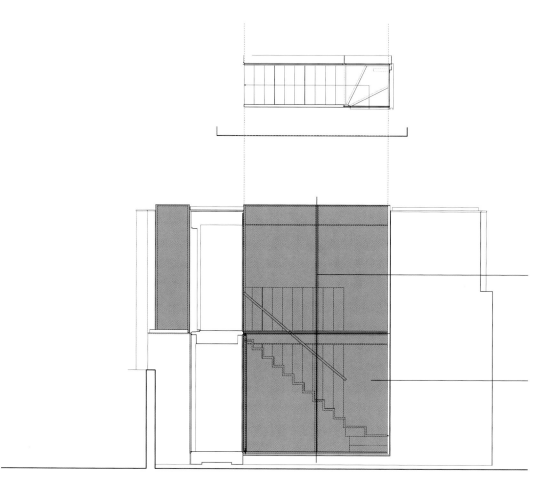

Stair section detail | Detalle de la sección de la escalera

Hampson Williams

Andreas Wenning/Baumraum
Roonstr. 49
28203 Bremen, Germany
Tel: +49 (0) 4 21 70 51 22
a.wenning@baumraum.de
www.baumraum.de
Between Alder and Oak

Arconiko Architecten
Postbus 399
3000 AJ Rotterdam, The Netherlands
Tel: +31 10 4123181
arconiko@arconiko.com
www.arconiko.com
Crow's Nest House in Hattem

Casey Brown Architecture
Level 1, 63 William Street
East Sydney, NSW 2010, Australia
Tel: +61 2 9360 7977
cb@caseybrown-com.au
www.caseybrown.com.au
Lake House

Casper Mork/Mork Ulnes Design
602 Minnesota Street
San Francisco, CA 94107, USA
Tel: +1 415 282 1437
greg@mork-ulnesdesign.com
www.mork-ulnesdesign.com
Modern Cabana

CCS Architecture
44 McLea Court
San Francisco, CA 94103, USA
Tel: +1 415 864 2800
www.ccs-architecture.com
info@ ccs-architecture.com
Seadrift Residence

**Daniel Hall & Andy
Thompson/Sustain Design Studio**
1 Atlantic Avenue 120
Toronto M6K 3E7, Canada
Tel: +1 416 516 7772 (ext. 35)
andy@sustain.ca
http://sustain.ca
Minihome

Ecosistema Urbano Arquitectos
Estanislao Figueras 6
28008 Madrid, Spain
Tel: +34 915 591 601
info@ecosistemaurbano.com
www.ecosistemaurbano.org
Steel and Wood House

Faro Architecten
Landgoed de Olmenhorst Lisserweg 487 D
2165 AS Lisserbroek, The Netherlands
Tel: +31 25 2414777
info@faro.nl
www.faro-architecten.nl
Residence Steigerisland

Felix Jerusalem
Schäracher 7
8053 Zurich, Switzerland
Tel: +41 1 44 383 32 27
f.jerusalem@bluewin.ch
www.strohhaus.net
Straw House

Fiona Winzar Architects
1.03/129 Fitzroy Street
The George, St. Kilda, VIC 3182, Australia
Tel: +61 03 9593 6464
fiona@winzar-architects.com.au
www.fionawinzar.com
The Eyelid House

H Arquitectes
Montserrat 22, 2º 2ª
0820 Sabadell, Spain
Tel: +34 937 250 048
harquitectes@harquitectes.com
www.harquitectes.com
House 205

Hangar Design Group
Via Terraglio 89 B
Mogliano Veneto, Treviso, Italy
Tel: +39 041 593 60 00
press@hangar.it
www.hangar.it
Joshua Tree

Hampson Williams
5 Bickels Yard, 151-153 Bermondsey Street
London SE13HA, UK
Tel: +44 020 7378 9560
studio@hampsonwilliams.com
www.hampsonwilliams.com
Glass & Timber Houses

Jure Kotnik
Dobja Vas 127
2390 Ravne na Koroskem, Slovenia
Tel: +386 41 340 963
info@conhouse.com
www.jka.conhouse.com
Conhouse 2+

Marc Dixon Architect
145 Russell Street
Melbourne, VIC 3000, Australia
Tel: +61 3 9663 6818
marcdixon@netspace.net.au
Lovely Ladies Weekender

Marc Koehler Architects
Tolstraat 129, Unit 3.8
1074 VJ Amsterdam, The Netherlands
Tel: +31 20 5755508
marc@marckoehler.nl
www.marckoehler.nl
House Ijburg

Murman Arkitekter
Peter Myndes, backe 12
118 46 Stockholm, Sweden
Tel: +46 (0) 8 462 14 50
info@murman.se
www.murman.se
Juniper House

Patrick Marsilli
155 Voie Romaine
2900 Quimper, France
Tel: +1 707 433 7833
ogb@sonic.net
www.obiebowman.com
Domus House

Peter Kuczia
Osningstr. 34
49082 Osnabrück, Germany
Tel: +49 16 39 29 50 50
info@architekci.info
www.architekci.info
CO2 Saver

Riches Hawley Mikhail Architects
Unit 29, 1-13 Adler Street
London E11EG, UK
Tel: +44 020 7247 6418
info@rhmarchitects.com
www.rhmarchitects.com
Clay Field

Rintala Eggertsson Architects
Stavangergate 46 A
0467 Oslo, Norway
Tel: +47 22230006
sami@ri-eg.com
www.rintalaeggertsson.com
Box Home

Rob Paulus Architects
990 East 17th Street, Suite 100
Tucson, AZ 85719, USA
Tel: +1 520 624 9805
rob@robpaulus.com
robpaulus.com
Barrio metálico

Sou Fujimoto Architects
10-3-6F Higashi-Enoki-Cho Shinjyuku
Tokyo 162-0807, Japan
Tel: +81 3 3513 5401
sosuke@tka.att.ne.jp
www.sou-fujimoto.com
Final Wooden House

Syntax Architektur
Bandmayerstrasse 2
3400 Klosterneuburg, Austria
Tel: +43 2243 32849 00
office@syntax-architektur.at
www.syntax-architektur.at
House on the Hill

Taalman Koch Architecture
2404 Wilshire Blvd. 11 F
Los Angeles, CA 90057, USA
Tel: +1 213 380 1060
info@taalmankoch.com
www.tkarchitecture.com
It House

UCArchitect
283 Lisgar Street
Toronto M6J 3H1, Canada
Tel: +1 416 536 4977
phe@ucarchitect.ca
http://ucarchitect.ca
Lake Seymour Getaway

Yasuhiro Yamashita/Atelier Tekuto
6-15-16-301 Honkomagome
Bunkyo-ku, Tokyo 113-0021, Japan
Tel: +81 3 5940 2770
info@tekuto.com
www.tekuto.com
Aluminum-ring House 1